바이든 이펙트

바이든 이펙트

홍장원 지음

새로운 세상의 뉴리더인가 또 다른 긴장과 위협의 반복인가

BIDEN EFFECT

한스미디어

바이든 이펙트,
우리의 미래를 위해 알아야 할 것들

4년 전 미국 대선 직전 《트럼프는 어떻게 트럼프가 되었는가》를 출간한 이후 꼭 4년 만에 이 책 《바이든 이펙트》를 펴내게 되었다.

나는 지난 미국 대선에서 도널드 트럼프의 당선 가능성을 75% 정도로 내다보았다. 그런데도 책을 내기까지 가슴 한구석의 망설임은 그치지 않았다. '트럼프가 당선되지 않으면 공들여 쓴 책이 사장된다'고 외치는 마음의 소리를 이겨내며 원고를 써 내려갔던 기억이 떠오른다. 4년이 지난 지금 개인적으로 보는 바이든의 승리 가능성은 55~60% 정도다. 4년 전 트럼프 책을 쓸 때보다 더 높은 불확실성과 함께 원고를 완성한 셈이다.

리스크를 안고 굳이 책을 쓴 이유는 여전히 바이든의 당선 가능성이 최소 절반은 되지만 우리가 바이든에 대해 거의 아는 것이 없기 때문이다. 그는 버락 오바마 행정부 시절 오바마 대통령 파트너로 8년이나 부통령직을 수행했다. 하지만 1인자 오바마 뒤에 가려진 2인자를 주목하는 시선은 없었기에 그에 대해 알려진 정보는 피상적이고 분절된 몇몇 장면에 불과하다.

《바이든 이펙트》는 2020년 11월 미국 대선에서 바이든의 승리를 가정하고 쓴 책이다. 바이든의 승리로 트럼프의 시대가 끝나고 새롭게 펼쳐질 미국 정치와 변화하는 세계에 대해 최대한 쉬운 언어로 설명하는 것을 목표로 했다. 트럼프의 생애와 철학을 분석해놓은 책은 서점에 난무하지만, 바이든에 대해 체계적으로 알 수 있는 저작물은 거의 없는 실정이다. 그것이 호기심이든 혹은 직업적인 필요에 의해서든 누군가는 바이든 당선 이후 펼쳐질 '바이든 시대'를 최대한 빠르게 조망할 필요를 느낄 것이다. 이 책은 그들을 위해 쓴 책이다. 이 책 한 권을 일독하면 바이든의 개인사와 철학, 바이든이 글로벌에 미칠 영향에 대해 쉽게 감을 잡을 수 있다. 이를 위해 바이든의 연설과 기고문, 그의 공약집을 구석구석 살펴보았다.

본문에도 서술했지만, 바이든이 미국 민주당 대선 후보로 결정된 것은 역설적으로 트럼프가 현직 대통령이었기에 가능한 일이었다. 기존 워싱턴 정치 문법을 거부하고 '마이 웨이'를 펼치는 트럼프를 끌어내리기 위해 민주당원들이 가장 무난하고 적이 없을 것 같은 이미지의 후보를 고른 게 바이든이다. 다수의 공화당 거물조차 바이든 지지에 나선 것은 트럼프라는 정치인이 얼마나 이질적인 존재인지를 새삼 느끼게 한다. 따라서 2020년 미국 대선은 트럼프와 반反 트럼프 간의 싸움이라고 봐도 무방하다.

그런 의미에서 이 책은 《트럼프는 어떻게 트럼프가 되었는가》의 속편 격으로도 볼 수 있다. 바이든이 이긴다면 미국의 맹렬했던 '내셔널리즘' 열풍은 잠시 숨 고르기에 들어갈 것이다. 바이든이 복원하는 미국의 새 외교망은 나비효과를 타고 세계 정세에 막대한 영향을 미칠 것이다. 그것은 분야별로 우리에게 유리할 수도 불리할 수도 있다. 따라서 바이든에 대해 제대로 알고 그가 미칠 영향에 대해 미리 준비하는 것은 중요하다.

책을 쓰기 위해 상당 기간 얼마 되지 않은 주말 자투리 시간과 휴가를 통째로 반납해야만 했다. 아이들이 잠들기를 기다려 텅 빈 식탁에 나와 숙제하듯이 원고를 쓴 기억이 생생하다. 이런 노력이 책을 읽는 누군가의 시간을 조금이나마 벌어줄 수 있기를 기대한다.

지은이 홍장원

Contents

2장 바이든 이펙트: 미래는 어떻게 바뀌는가

1장

바이든은
어떻게
바이든이 되었는가

그 어느 때보다도 치열했던 바이든의 경선 과정

비관적 예측을 딛고

조 바이든이 미국 대통령 후보 경선에서 민주당 후보로 확정된 것은 2020년 4월 8일(현지시각)이다. 버니 샌더스 상원의원이 이날 경선에서 전격 중도 하차했기 때문이다. 샌더스 의원은 이날 트위터를 통해 "오늘 나의 선거 활동을 중단한다"고 발표했다. 그는 "캠페인은 끝나지만, 정의를 위한 투쟁은 계속된다"고 아쉬움을 표했다.

그가 이날 경선에서 이탈한 것은 당연하게도 승리할 가능성이 없었기 때문이다. 온라인 성명을 통해 샌더스 의원은 "승리를 향한 길이 사실상 불가능하다. 민주당 후보 지명을 위한 이번 싸움이 성공적이지 못할 것이라고 결론지었다"고 말했다. "어렵고 고통스러운 결정이었다"고 말하기도 했다.

2020년 2월 시작된 민주당 대선 후보 경선에는 엘리자베스 워런 상원의원, 마이클 블룸버그 전 뉴욕 시장, 피트 부티지지 전 시장 등이 나와 치열한 경쟁을 펼쳤다. 초반 싸움은 안개 국면으로 흘러갔지만 결국 남은 것은 바이든과 샌더스 '양강 후보'였고 미련을 버리지 못한 샌더스가 끝까지 분전하다가 이날 결국 패배를 인정한 것이다.

2020년 민주당 경선이 어떻게 흘러갔으며 어떤 과정을 통해 바이든이 최종 후보로 결정됐는지 그 과정과 시사점을 분석해보기로 한다. 결론만 간단히 말하자면 2016년 대선에서 치열한 경선이 힐러리 클린턴 후보에게 생채기를 남겼다면, 2020년은 그렇지 않았다는 점이다. 그리고 민주당 당원들은 상대적으로 적이 별로 없는 무난한 바이든의 손을 들어주면서 대선 승리에 대한 강한 의지를 보였다는 것도 포인트다.

우선 전술한 대로 바이든의 경선 첫걸음은 쉽지 않았다. 2월 벌어진 아이오와 경선에서 대패하면서 이름도 성도 없던 부티지지에게 1위 자리를 내준 것이다. 특히 아이오와는 백인 비율이 높은 지역 중 하나인데, 백인 중산층을 상대로 높은 본선 경쟁력을 가지고 있는 것으로 알려진 바이든이 2위도 아니고 4위에 그치자 이를 둘러싼 설왕설래가 있었던 게 사실이다.

이 같은 분위기는 2월 내내 이어졌다. 다음 뉴햄프셔 프라이머리에서는 순위가 하나 더 밀려 5위를 기록하는 참사를 겪었고, 이어진 네바다 코커스 여론조사를 열어보니 샌더스, 부티지지, 엘리자베스 워런에게 밀려 4위로 밀렸다. 이 당시 바이든은 "중도 하차해야 하는 게 아니냐"는 조롱을 들을 정도로 분위기가 좋지 않았다. 언론들은 잇달아 "바이든이 본선 경쟁력이 없다", "이미 버린 카드가 됐다"며 비판해댔다.

그런데 역설적으로 바이든이 반전의 기회로 삼은 것이 이 네바다 코커스였다. 전체 투표 18.9%, 카운티 대의원 확보율 20.2%를 기록해 처음으로 2위에 올랐기 때문이다. 1위 샌더스 득표율에 절반가량에 그친 완패였지만 적어도 여론조사만큼의 충격적인 결과에서는 벗어났다는 점에서 '경선 포기론'을 비롯한 극단적인 시나리오를 피할 수 있었던 셈이다.

이후 사우스캐롤라이나부터는 바이든의 대세론이 본격적으로 빛을 발하는 순간이었다. 이곳 경선에서 바이든은 과반에 달하는 48.4%를 득표하며 2위 샌더스(19.9%)를 큰 표차로 누르고 압승했다. 이 결과가 의미 있었던 것은 이 당시는 엄청난 표밭이 걸려 있는 '슈퍼 화요일'을 바로 앞둔 시점이었다는 점이다.

'슈퍼 화요일' 경선은 14개 주에서 전체 대의원(3,979명)의 3분의 1 수준인 1,344명을 선출한다. 경선 판세를 좌우하는 중대 분수령이다. 지금까지 역사를 보면 슈퍼 화요일 결과에 따라 대선 후보 윤곽이 거의 드러났다.

바이든의 가장 큰 매력은 '인간적인 모습', '검증된 경륜', '중도를 표방한 확장성'이었다. 그런데 경선 초반 지지부진한 그의 모습을 보면서 유권자들은 인간적인 것을 '유약함'으로, 경륜을 '진부함'으로 중도를 이도 저도 아닌 '애매함'으로 평가절하할 우려가 있었다. "바이든으로는 트럼프를 꺾을 수 없다"는 의문이 제기되는 시점에 경선 압승 결과표를 내밀며 "난 그리 간단한 존재가 아니다"라고 어필할 기회를 찾은 것이다.

극적 경선 스토리 연출

민주당 내에서도 이런 분위기가 감지되고 있었다. 누굴 지지해야 시너지를 낼 수 있느냐를 고민하던 민주당 내 중량감 있는 인사들이 속속 바이든 지지에 나선 것이다. 2016년 대선에서 민주당 부통령 후보였던 팀 케인 상원의원, 테리 맥컬리프 전 버지니아 주지사 등이 바이든 지지를 선언하고 나섰다. 결정적인 한 방은 민주당 경선에서 초반 1위에 오르며 전 세계 주목을 끌었던 부티지지가 경선 레이스에서 빠지며 바이든 지지 의사를 밝힌 것이다. 경선에서 경쟁하던 에이미 클로버샤까지 바이든을 지지하며 사퇴를 선언했다.

슈퍼 화요일은 사실상 바이든이 민주당 대선 주자로 조기 확정되는 결과를 가져왔다. 투표 직전 근소한 열세가 예상되던 버지니아에서 승수를 추가하더니 열세 지역이었던 미네소타, 텍사스, 매사추세츠에서 비교적 큰 차이로 샌더스를 제치고 1위를 구가했다. 이 당시 억만장자 마이클 블룸버그Michael Bloomberg가 천문학적인 광고비를 쏟아부으며 '중도 대항마'로 바이든을 견제하는 모양새를 취했는데, 이를 이겨내고 1위 레이스를 질주한 것이다. 결국, 슈퍼 화요일 14개 주 중에서 10개 주 1위를 바이든이 쓸어 담으며 '대세론'을 굳히는 결과를 만들었다. 흑인이 많이 거주하는 앨라배마에서 유효표 63.2%를 싹쓸이하며 인종을 초월한 표심을 과시한 것도 큰 수확이었다.

불과 보름 전까지만 하더라도 연일 참패하며 '끝난 후보' 취급을 받던 바이든이었다. 하지만 분수령에서 극적인 승부를 따내며 오히려 '극적인 스토리'를 연출하는 혜택을 본 셈이다.

결국, 슈퍼 화요일 이후 경선 초반 바이든을 이기기도 한 엘리자베스 워런까지 경선 중단을 선언했다. 이제 경선은 중도의 바

> 유세 현장에서 지지자들과 함께한 바이든.

이든과 진보의 샌더스 '외나무다리 경쟁'이었다. 바이든이 블룸버그 등판에도 중도 표를 싹쓸이하며 중도의 대표 주자로 자리매김한 가운데 진보의 여전사였던 워런의 이탈로 진보 표가 샌더스로 몰려 투표 결과를 예단하기 힘든 상황이었다.

하지만 이후 바이든은 무난하게 1위 자리를 수성한다. 흑인 비중이 높은 미시시피에서는 개표하자마자 바이든의 승리가 예상됐고 미시간, 미주리에서도 엎치락뒤치락하는 가운데 결국 바이든이 샌더스를 꺾고 가장 많은 대의원을 가져갔다. 미시간은 4년 전 샌더스가 힐러리를 꺾고 1위 자리를 차지했던 곳이다. 여기서 승부는 결판난 것이나 다름없었다. 이때부터 바이든은 승리를 예감했다. "샌더스와 그의 지지자들의 열정과 에너지에 감사하다"고 연설을 하며 당을 봉합하려는 움직임을 보여주었다. 이후 진보 색채가 강한 워싱턴주에서도 승리를 따내고 히스패닉 비중이 높은 애리조나까지 1위 자리를 차지하며 '패배하지 않는 바이든'의 '대세론'을 굳히게 된다.

이후 위스콘신 경선 직후 샌더스는 '바이든을 이길 수 없다'는 판단 아래 경선 중단을 선언하게 된다. 경선 주자 중 유일하게 남은 바이든이 민주당 전국위원회로부터 공식적으로 민주당의 2020년 대선 추정 후보로 인정받은 순간이었다.

경선을 통해 바이든이 얻은 성과는 적지 않았다. 경선 초반 참패에도 불구하고 자신을 추슬러가며 끝내 압도적인 결과로 1위를 질주한 바이든을 보고 미국인들은 '불굴의 의지' 같은 것들을 자연스레 떠올리게 됐다. 무난하게 초반부터 1위를 질주하며 밋밋하게 경선이 끝나는 것보다 훨씬 드라마틱한 순간을 연출할 수 있게 됐다.

경선 결과 바이든은 흑인 비중이 높은 앨라배마, 미시시피 등지에서 압도적인 경쟁력을 보이며 트럼프와의 본선 게임에서 흑인을 상대로 상당한 우위를 점할 수 있다는 걸 보여줬다. 콜롬비아 출신으로 미국 진보 진영의 스타로 발돋움하는 루벤 가예고Ruben Gallego와 에콰도르에서 태어나 14세 때 미국에 이민해 하원의원 자리에 오른 여성 의원 데비 무카르셀-파웰Debbie Mucarsel-Powell의 지지를 이끌어내며 히스패닉 표심도 끌어들였다.

샌더스의 지지

한마디로 '본선 주자'로 여러 계층의 표심을 빠짐없이 끌어들일 수 있는 지지 기반을 확보한 셈이다. 더 큰 성과는 샌더스가 조기에 바이든 지지 선언을 하면서 민주당 내 진보 표까지 빨아들일 준비를 마쳤다는 것이다.

샌더스는 4월 13일(현지시각) 바이든이 주최한 한 온라인 행사에 출연해 "나는 모든 미국인과 민주당 지지층, 무당파, 공화당 지지층이 내가 지지한 후보를 위해 선거운동에 함께할 것을 요청한다"고 바이든 손을 들어줬다.

샌더스의 메시지는 '반反 트럼프를 위해 우리가 하나가 되자'는 것으로 요약된다. 그는 트럼프를 '미국 현대사에서 가장 위험한 대통령'이라고 규정했다. 샌더스는 "우리는 트럼프 대통령을 한 번의 임기로 끝나는 단기 대통령으로 만들어야 한다. 나는 이것이 일어나도록 모든 일을 할 것이다"라고 말했다. 이어 "바이든과 정책적 차이가 있다는 것은 비밀이 아니다. 하지만 최우선 순위는 트럼프 대통령을 이기는 것이다"라고 말했다. 샌더스는 바이든을 향해 "우리는 백악관에 있는 당신을 필요로 한다"고 강조하며 대화합의 메시지를 건넸다.

바이든과 샌더스는 '말잔치'로 끝내지 않고 양측의 역량을 하나로 이을 수 있는 전략적인 움직임을 약속하기도 했다. 경제, 교육, 사법 정의, 이민, 기후 변화 등 주제를 놓고 문제 해결책을 찾기 위해 6개의 정책 실무 그룹을 가동할 것이라고 선언한 것이다. 바이든이 샌더스를 향해 "나는 당신이 필요하다. 단순히 선거에서 승리하기 위해서가 아니라 (나라를) 위해서"라고 화답한 것도 이 때문이다.

4년 전 힐러리와 경쟁하던 샌더스는 "민주당이 힐러리만 밀어준다"며 강한 불만을 제기했다. 그는 경선 중반 패배가 굳어진 상황에서도 경선 레이스를 중도 이탈하지 않았다. 강한 불만의 표시였다. 그가 마지못해 힐러리를 지지한다고 입장을 밝힌 것은 민주당 전당대회가 예정된 7월이었다. 그 결과 적잖은 샌더스 표가 힐러리로 가지 않고 심지어 트럼프로 향하는 현상이 관측됐다. 그만큼 '반 힐러리' 정서가 민주당 내에서도 가득했던 것이다.

하지만 4년이 지난 2020년에는 샌더스가 선거운동을 중단한지 일주일도 안 돼 바이든 지지를 선언할 만큼 상황이 반전됐다. 게다가 양측은 공동으로 정책을 마련하겠다는 복안도 함께 밝히며 '화학적 결합'까지 시도했다.

열등감을 극복한
바이든의 생애

말더듬이 학생

버락 오바마 대통령의 8년 파트너. 도널드 트럼프 미국 대통령
보다 3살 형. 7선 관록의 상원의원. 대선 도전만 3수. 조 바이든
전 미국 부통령을 설명하는 수식어다. 그는 2019년 4월 25일(현
지시각) 2020년 미국 대통령 선거 출마를 공식 선언하며 세 번째
대권 도전에 나섰다.

바이든은 1942년 11월 20일 펜실베이니아주 스크랜턴에서 태
어났다. 아일랜드 피가 섞인 그는 가톨릭 집안에서 나고 자랐다.

조지프 바이든 시니어(1915–2002)와 캐서린 바이든(1917–2010)을 부모로 둔 장남이었다. 그는 부유한 집안에서 태어났지만, 가세가 급격히 기울었고 1950년대 고향을 떠나 델라웨어주로 이동해 그곳에서 성장했다. 결과적으로 그가 델라웨어에서 7선 의원을 하며 대권 도전까지 나설 수 있었으니 델라웨어가 바이든에게는 궁합이 맞는 곳인 셈이다.

바이든은 콤플렉스를 이겨낸 인물이라 할 수 있다. 바이든은 어릴 때 심하게 말을 더듬는 습관이 있었다. 오죽하면 친구들이 그를 '대시(모스 부호의 긴 점)'라고 부르며 놀릴 정도였다. 바이든이 자기 성을 발음할 때 말을 더듬는 소리를 흉내 내며 '바이–바이'라고 놀리기도 했다. 바이든을 한 번에 발음하지 못하고 '바이'만 두 번 내뱉는다는 뜻이었다. 바이든은 이것을 극복하기 위해 각고의 노력을 했다. 교과서 문단을 통째로 외워, 더듬지 않고 읽어낼 수 있게 노력했다. 조약돌을 입에 물고 발음 연습을 했으며 말을 더듬지 않기 위해 머릿속으로 대화의 얼개를 미리 짜는 연습도 어려서부터 이어갔다.

그가 델라웨어 클레이몬트에 있는 사립 학교인 아키메어아카데미Archmere Academy에서 학창 시절을 보낼 때 미식축구를 즐겨한 것은 아마도 좀 더 활발해 보이기 위한 노력의 일환이었을 것이다. 1961년 델라웨어대학교에 다닐 때는 미식축구팀인 델라웨어 파이팅 블루헨즈Delaware Fightin' Blue Hens에서 선수로 뛸 정도였다.

야망이 들끓는 젊은이

대학에서 정치학을 전공했지만 학업 성적은 그리 좋지 않은 것으로 알려진다. 다소 돌출적인 행동도 했던 것으로 보인다. 델라웨어대학교 재학 당시 기숙사 사감에게 소화기를 분사해 징계를 받은 것은 대표적인 사례다. 우여곡절 끝에 대학을 졸업하고 명문 시러큐스대학교 로스쿨 진학에 성공했고 1969년부터 변호사 활동을 시작했다.

그가 첫 번째 아내인 네일리어 헌터Neilia Hunter를 만나 결혼한 것도 1966년으로 이 무렵이다. 당시 헌터는 집안이 변변치 않은 대학생에 불과했다. 그는 네일리어와 2남 1녀를 두었다. 바이든이 네일리어에게 흠뻑 빠진 이유가 있었으니, 그것은 네일리어의 배려심이었다. 바이든과 네일리어와의 두 번째 데이트 당시 바이든은 저녁을 낼 돈이 없었다고 한다. 놀랍게도 이를 알아챈 네일리어가 웨이터 몰래 테이블 밑으로 바이든에게 20달러를 건넸다고 한다. 그가 네일리어의 심성에 푹 빠진 결정적인 계기였다.

돈도 없고 집도 변변치 않은 바이든이었지만 야망만은 남들 못

지않았다. 네일리어의 어머니와 바이든이 처음 만난 자리에서 그녀의 어머니는 바이든에게 나중에 무슨 일을 하고 싶냐고 물었다고 한다. 아마 웬만한 남자였으면 가까운 미래인 변호사 정도를 얘기했을 것이다. 하지만 바이든이 이때 미국의 대통령이 되고 싶다고 말했다고 한다.

그의 야망을 드러내는 또 하나의 일화가 있다. 1967년 바이든이 로스쿨에 다닐 때의 일이다. 그가 네일리어를 위해 선물을 샀는데, 강아지 이름이 '상원의원'이었다고 한다.

바람대로 그는 비교적 젊은 나이에 정치에 투신해 성공한 커리어를 쌓았다. 한마디로 직업이 정치인, 의원이다. 관운은 타고난 셈이다. 1972년 민주당으로 연방 상원의원 선거에 출마해 정계 은퇴를 저울질하던 J. 보그스J. Caleb Boggs와 맞서 싸워 그를 이기는 대파란을 일으킨다. 미국 역사상 다섯 번째로 어린 상원의원이 탄생한 순간이었다. 그의 나이 만 30세 이전에 벌어진 일이다.

성공과 함께 찾아온 불행

하지만 같은 해에 소년 출세를 시기한 액운이 그에게 닥쳤다. 12월 18일 크리스마스를 앞두고 차를 끌고 쇼핑센터에 나간 가족들이 트레일러에 부딪혔다. 아내와 장녀가 목숨을 잃는 끔찍한 사고였다. 옥수수를 싣고 이동 중인 화물차였다. 이제 막 서른인 바이든에게 감당할 수 없는 아픔이었다. 배려심 많던 사랑하는 아내와 어린 딸이 순식간에 유명을 달리했다. 병원에 도착하기 전에 현장에서 즉사했다. 두 아들인 보와 헌터 역시 크게 다쳤다. 하루아침에 그는 1녀 2남을 둔 다복한 3남매의 가장에서 아내와 딸을 잃고 중상을 입은 두 아들을 돌봐야 하는 가장으로 전락했다. 당연히 그는 정계 은퇴를 생각할 정도로 큰 충격을 받았다.

하지만 그는 두 아들이 치료를 받고 있는 입원실에서 상원의원으로 취임했고 이후로도 델라웨어를 떠나지 않는다. 상원이 있는 워싱턴DC로 이사하지 않고 델라웨어 자택에 계속 머문 것이다. 아마도 아내 없이 두 아들을 돌봐야 하는 어려움이 그의 발목을 붙잡았을 것이다. 하지만 이것은 그가 델라웨어에서 다선의 의원을 유지한 계기가 되었을 수 있다.

그는 무려 30여 년간 기차를 타고 75분 거리를 출퇴근하며 워싱턴DC와 델라웨어를 오갔다. 당연히 기차 승무원을 비롯한 관계자들과 엄청난 친분을 쌓게 되는 계기가 됐다. 그는 열차 직원을 '가족'이라 부르며 환대했다. 무려 30년간 타던 열차였으니 웬만한 직원 가족사를 꿸 정도였다. 가끔 직원들을 불러 바비큐 파티를 열기도 했다. 이것은 그의 서민적인 면면을 보여주는 장면으로 평가된다.

그는 1977년 영어 교사로 일하던 질 제이콥스Jill Tracy Jacobs (1951–)와 재혼했다. 바이든이 미국 대통령이 되면 그가 영부인이 될 것이다.

바이든은 또 한 번 시련의 시절을 겪는다. 1988년 목 통증이 심해 병원에 갔는데 뇌동맥류가 파열되었다는 진단을 받은 것이다. 13시간의 대수술 끝에 그는 결국 살아남았다. 3개월 뒤 두 번째 뇌동맥류 수술도 견뎌냈다.

젊은 이미지가 낡은 이미지로 변질

바이든은 워낙 젊은 나이에 정치를 시작해 독특한 기록을 여럿 가지고 있다. 지금은 트럼프보다 두 살 많은 나이로 대선에 출마해 '많은 나이'로 화제가 되는 인물이지만, 사실 1988년 역대 두 번째 젊은 나이로 민주당 대통령 후보 경선에 출마했을 정도로 '젊은' 이미지였다. 상원의원 중 다섯 번째로 어린 나이, 민주당 경선에 참여한 역대 후보 중 두 번째로 젊은 나이의 기록을 두루 갖고 있는 '차세대 주자'의 이미지였던 셈이다. 그의 평생을 따라다니고 있는 '표절' 이미지가 덧씌워진 것도 이 무렵이다. 영국 노동당 당수 연설을 표절했다는 의혹이 일파만파 퍼지며 결국 경선을 포기할 수밖에 없었다.

그의 두 번째 대권 도전은 무려 36년간 델라웨어 연방 상원의원을 지낸 2008년이었다. 그는 외교 분야를 주 전공으로 삼았고 당시는 외교가 미국의 중심 이슈 중 단연 '톱'을 달릴 때였다. 코소보 문제, 이라크 문제 등을 놓고 미국 정부는 언제나 '개입주의' 노선을 택했다. 이 분야에 30년 넘는 경험을 쌓은 바이든은 스스로를 대통령으로서 '외교 역량'을 발휘할 수 있는 인재로 평가했다.

그래서 2008년 그는 10년 만에 대선 '재수再修'를 선언한다. 하지만 아쉽게도 상황은 10년 전과 크게 다르지 않았다. 10년 전에 표절이 이슈였다면 이번에는 '버락 오바마'와 '힐러리 클린턴'이라는 쌍벽이 넘어설 수 없는 산 같은 존재로 다가왔다. 둘 다 스토리가 되는 인물이었다. 오바마는 '최초의 흑인 미국 대통령'이라는 스토리를 완성하겠다는 야심을 가지고 있었다. 힐러리는 당선된다면 '최초의 여성 미국 대통령'이라는 타이틀을 가져갈 수 있었다. 대중은 언제나 참신한 스토리에 끌리기 마련이다. 미디어와 대중의 눈이 '쌍벽'에만 집중하는 사이 바이든의 존재감은 희미해져갔다. 그는 그냥 미리부터 정치를 해온 '웬만큼 익숙한 정치인' 정도의 인지도에 머물렀다. 참신함을 기대한 대중의 눈을 충족시킬 수 있는 커리어가 아니었다. 결국, 아이오와 코커스에서 경선 주자 중 5위를 차지한 그는 '백기'를 던지고 경선 무대에서 내려왔다.

부통령 바이든

하지만 중도 성향의 백인 표에 목마른 버락 오바마 민주당 대선 후보 입장에서 바이든은 무난한 파트너였다. 결국, 그는 부통령 후보로 지명되고 바이든은 대통령의 꿈을 버리고 부통령으로 국정 운영에 참가하기로 결심한다.

대선에서 버락 오바마는 존 매케인과 대결했고 바이든은 막말로 유명했던 사라 페일린 부통령 후보와 경쟁 구도를 펼쳤다. 결론적으로 바이든의 지명은 성공적이었다. 9월 리먼 브러더스 파산으로 촉발된 미국 금융위기 국면에서 디펜딩 챔피언이었던 매케인-페일린 콤비는 어떤 식으로 방어전을 펼칠지 구상조차 잡지 못해 헤매는 모습이었다. 국가적 위기는 도전자에게 유리한 국면을 조성했고 여기에 참신한 오바마의 이미지, 완벽하다고 평가받은 선거운동에 힘입어 바이든은 오바마와 함께 승리의 깃발을 거머쥐었다.

변화를 향한 미국의 갈망, 이라크전쟁 등으로 얼룩진 조지 부시 미국 대통령에 대한 반감을 효과적으로 표와 연결시켰다.

2008년 미국 대선 당시 미국 히스패닉의 66%, 흑인의 98%가 오바마를 지지한 것으로 나타났다. 관건은 백인 표였는데, 오바마는 백인 표의 48%를 가져오며 기염을 토한다. 이 중 적지 않은 표심이 중도층 백인 남성의 호감을 사던 바이든의 러닝메이트 효과가 발휘된 것으로 분석해도 무방하다. 대선 직후 이 같은 바이든의 이미지를 한층 강화시키는 이벤트가 발생하는데, 금융위기 탈출을 위해 고심하던 오바마 행정부가 관련 법안을 통과시키기 위해 공화당 의원 포섭에 나선 것이다. 이때 부통령이자 상원의장을 맡고 있던 바이든은 공화당 의원 3명의 마음을 돌리는 데 결정적인 역할을 하면서 '역시 바이든'이란 평가를 듣게 된다.

그 결과 2012년 바이든은 다시 한번 오바마의 러닝메이트로 낙점된다. 모두가 아는 대로 오바마는 대선에서 승리했고 바이든은 8년간 부통령으로 오바마를 보좌했다.

부통령과 대통령은 '한 끗 차이'지만 권력과 영향력, 그리고 역사적 평가는 '하늘과 땅 차이'다. 8년의 부통령의 세월이 두 번이나 대통령에 도전했던 과거의 야심을 밀어낼 수는 없었다. 그는 대선 전해인 2015년 10월까지 의사 결정을 미루었다. 하지만 8년간 부통령으로 지낸 시간은 대선 주자로서의 바이든에게는 역설적으로 치명타였다. 대중은 언제나 참신한 존재를 원하는데 바이든은 아주 익숙한 '고인 물'이었기 때문이다. 8년 전 오바마에게 경선에서 패배하고 이를 갈던 힐러리와 진보주의자의 지지를 등에 업고 연일 맹위를 떨치는 버니 샌더스Bernie Sanders의 쌍벽을 넘어설 재간은 없었다. 결국 2015년 10월 22일, 그는 백악관 로즈가든에서 "대선에 출마하지 않겠다"고 공식 선언한다. 모두가 이것이 정치인으로서 바이든의 마지막 모습이라고 생각했다. 그리고 그건 매우 합리적인 판단이었다. 2016년 대선에서 '깜짝 놀랄 만한 이벤트'가 벌어지지 않았다면 말이다.

바이든의 아픈 손가락,
두 아들

큰아들의 요절

앞서 바이든이 굴곡진 가정사를 가지고 있다고 설명한 바 있다. 상원의원으로 당선된 바로 그해 부인과 딸을 교통사고로 떠나보낸 슬픈 사연이다. 이때 두 아들 역시 중상을 입었는데, 이들을 둘러싼 스토리도 만만치 않다. 바이든은 정치인으로는 '소년 급제'한 셈이지만, 하늘이 준 가족의 시련으로 고통을 겪어야 했다.

교통사고에서 구사일생으로 살아남은 그의 첫째 아들 보 바이든Joseph Robinette "Beau" Biden III은 한창나이인 40대 초반이던 2010년 5월. 두통과 마비, 저림 증세를 호소하며 병원을 찾았다. 고향인 델라웨어주 뉴어크Newark에 위치한 크리스티애나병원Christiana Hospital에 갔는데 뇌졸중을 진단받았다. 하지만 2013년 텍사스주립대학교 MD앤더슨암센터University of Texas MD Anderson Cancer Center에서 뇌종양 진단을 받았다. 2년 뒤인 2012년 5월, 그는 뇌종양을 이기지 못하고 향년 46세로 사망했다. 이것은 2016년 바이든이 대권 도전을 포기한 결정적인 이유이기도 했다. 젊은 시절 아내와 딸을 떠나보낸 그는 가족 사랑이 각별했다. 특히 첫째 아들인 보 바이든은 아버지의 뜻을 충실히 이어받은 모범생이었다.

그는 아버지의 뒤를 이어 법조인의 길을 걸었다. 1991년 펜실베이니아대학교에서 학위를 받고 1994년에는 시러큐스법률종합대학교 법학과를 졸업했다. 1995년부터 2004년까지는 미국 법무부 필라델피아지국에서 검사로 근무한 이력이 있다.

또한 천식으로 병역이 면제된 아버지와 달리 미국 육군에 입대해 군 생활을 한 모범적 커리어를 뽐냈다. 그는 2008년부터 2009년까지 이라크에 주둔할 정도로 '노블레스 오블리주'를 실천에 옮긴 아들이었다.

2008년 민주당 전당대회에서 조 바이든이 미국 부통령 후보로 지명된 바이든을 소개한 것도 큰아들이었다. 그는 어머니와 여동생을 희생시킨 자동차 사고와 아버지가 아들들에게 한 약속에 대해 연설을 펼쳐 대의원들의 눈물을 쏟게 했다. 바이든 입장에서는 여러모로 듬직하고 충실한 아들이라 할 만했다. 그런 아들이 병으로 유명을 달리했으니 가족 사랑이 지극했던 바이든으로서는 대권 도전을 포기할 만했다.

이제 그에게 남은 가족은 교통사고에서 살아남은 둘째 아들과 둘째 부인 사이에서 낳은 딸 둘뿐이었다. 자식 넷을 낳아 둘을 가슴에 묻은 셈이었다. 남은 가족에 대한 애착이 클 수밖에 없는 상황이다. 그런데 둘째 아들인 헌터 바이든이 연일 스캔들의 중심에 서면서 바이든을 곤란하게 만들었다.

둘째 아들 헌터 바이든

헌터 바이든 역시 겉보기엔 남부럽지 않은 이력을 갖춘 인물이다. 조지타운대학을 거쳐 예일대 로스쿨에 편입해 졸업한 이후 변호사의 길을 걸었다. 1996년 졸업한 그는 투자회사에 들어가 1998년 경영 부문 부사장 자리까지 올랐다. 그는 공적 영역보다는 사적 영역에 더 어울리는 사람이었다. 3년간 상무부에서 일하기도 했지만, 그가 2001년 택한 업종은 다름 아닌 로비스트였다.

냉정하게 말해 아버지가 고위 공무원이고 아들이 로비스트인 조합은 그리 환영받지 못한다. 정치적 영향력이 큰 아버지의 후광을 입고 여러 혜택을 볼 수 있기 때문이다. 로비스트란 한국에서는 없는 개념이지만 미국에서는 중요한 업종으로 분류되는 직군이다. 전문적 지식과 화려한 언변으로 무장하고 정부를 상대로 '안 되는 일을 되게 만드는' 직종이다. 다양한 네트워크와 법률적 지식을 동원해 민간 기업이 정부를 상대로 규제를 풀거나, 인허가를 따낼 때 로비스트가 결정적인 역할을 한다. 그런데 아들이 대리하는 기업의 이해관계가 아버지의 이해관계와 겹칠 수 있기 때문에 문제가 된다.

조 바이든은 그냥 공무원도 아니고 상원의원만 30년 넘게 해온 '직업이 상원의원'이었다. 버락 오바마 미국 대통령과 함께 나라의 '2인자'로서 각종 업무를 통솔하던 사람이었다. 이런 상황에서 아들이 로비스트를 하고 있으니 싸늘한 시선으로 그를 바라보는 것도 이상한 일은 아니었다.

게다가 그는 사생활 측면에서도 각종 이슈를 몰고 다니는 '사고뭉치'였다. 2014년 실시한 코카인 검사에서 양성 반응이 나와 이슈에 오른 것은 전초전에 불과했다. 2015년 형이 죽은 뒤 형수인 할리 바이든Hallie Biden과 열애에 빠진 것은 그야말로 충격적이었다.

그 당시 헌터는 부인과 별거 중이었다. 하지만 법적으로 엄연히 유부남이었다. 부인과 사이가 멀어진 상황에서 남편을 잃은 형수와 사랑에 빠졌다고 선언한 것이었다. 보수적인 미국의 중산층으로부터 '뭐 저런 이상한 놈이 다 있느냐'는 반응이 나온 것은 당연한 수순이다. 조 바이든은 그들의 관계에 찬성한다고 입장을 밝히며 "외로운 사람 둘이 모인 것"이라며 애써 수습하려 했지만 싸늘한 여론을 달래기에는 턱없이 부족했다.

또 헌터는 다른 여성과 바람을 피우다가 혼외자를 낳은 일로도 파장을 일으켰다. 아칸소주에 사는 여성이 자신의 자식 아버지가 헌터라며 유전자 감식 감정서를 법원에 제출한 것이다. 헌터는 재판을 통해 "얼토당토않은 일"이라며 이슈를 피해가기 바빴다. 그도 그럴 것이 여성이 주장하는 바람 핀 시기가 형수와 사랑에 빠진 시기와 정확히 일치했다. 한마디로 본부인과는 서류상 결혼을 유지하는 상황에서 형이 죽자마자 형수와 사랑에 빠져놓고, 같은 시기 또 다른 여자와 바람을 핀 셈이 된 것이다. 20대 후반이었던 이 여성은 스트리퍼 출신인 것으로 전해진다.

그나마 여기까지는 유능한 아들의 '한때 일탈' 정도로 치부할 수 있다. 하지만 헌터의 가장 큰 문제는 한때 도널드 트럼프 대통령을 탄핵 직전까지 몰고 갔던 이른바 '우크라이나 의혹' 한복판에 섰다는 점이다.

우크라이나 스캔들

헌터는 2014년 우크라이나의 가스회사인 부리스마 홀딩스 이사로 취임했다. 5년간 매월 5만 달러 이상 월급을 챙길 정도로 쏠쏠한 대접을 받았다. 여론은 헌터가 아버지의 영향으로 우크라이나 가스회사 임원이 되었다고 지적했다. 헌터도 이를 인정했다. 이 당시 미국 부통령이던 바이든은 크림반도를 침공한 러시아 사태를 맞아 우크라이나 정책을 총지휘하던 책임자였다.

그런데 헌터가 다니던 회사에 문제가 있었다. 그래서 우크라이나 사정 당국이 이 회사를 정조준했다. 그런데 우크라이나를 상대로 막강한 영향력을 떨치던 바이든이 우크라이나 정부를 압박해 우크라이나 검찰총장을 끝내 퇴진시켰다는 게 문제의 골자다.

당장 조사를 그만두지 않으면 우크라이나로 향하는 대출 보증을 보류하겠다는 내용을 골자로 바이든이 얘기했다는 증거도 나왔다. 2018년 외교관계위원회 주최 모임에서 바이든이 "검찰총장이 해임되지 않으면 당신들은 돈을 받을 수 없다"고 말한 동영상이 나온 것이다.

우크라이나 볼로디미르 젤렌스키 대통령은 기자회견에서 바이든 부통령 시절 우크라이나 대통령을 맡은 전직 페트로 포로

센코의 반역 사건을 수사하겠다고 나서며 이슈에 불이 활활 붙었다. 우크라이나의 전 총리 미콜라 아자로프는 역시 인터뷰를 통해 "헌터에 관한 의혹은 꾸며진 일이 아니라 사실이다"라고 거들었다.

'우크라이나 스캔들'은 2019년 트럼프 미국 대통령이 우크라이나에 외압을 행사해 이 문제를 뜨거운 이슈로 부각시키려는 '공작'을 펼쳤다는 내용이 골자다. 한마디로 재선을 노리는 트럼프가 상대 당 유력 후보인 바이든을 낙마시키기 위해 외교 채널을 끌어들여 힘을 썼다는 것이다. 반전에 반전이 더해진 스토리가 펼쳐졌다.

당시 민주당 소속 애덤 시프 하원 정보위원장은 방송과 인터뷰를 통해 트럼프 대통령 통화 녹취록 공개를 촉구하며 '대통령 탄핵' 카드를 꺼내 들었고, 낸시 펠로시 하원의장 역시 동료 의원들에게 "이번 사건은 대통령의 심각한 헌법적 의무 위반"이라며 서한을 돌리기도 했다. 공화당 소속 전 대선 후보였던 밋 롬니 상원의원 역시 "만약 트럼프 대통령이 우크라이나 대통령에게 정치적 경쟁자를 조사하라고 압박했다면 이는 극단적인 문제다"라는 트윗을 올릴 정도였다.

가스 산업에 대해 무지한 헌터가 아버지 후광으로 우크라이나 가스회사에 취업해 고액 연봉을 받았고, 회사가 조사받을 위기에 처하자 바이든이 부통령 지위를 이용해 우크라이나 정부에 외압을 행사했다는 이야기가 이제는 트럼프가 바이든의 잘못을 부각시키기 위해 작전을 펼쳤다는 내용으로 이동한 셈이었다. 시간이 흘러 이 이슈 역시 수면 아래로 가라앉긴 했지만, 이 이슈는 등장하면 바이든과 트럼프 모두에게 '아킬레스건'이 되는 상황이 되었다. 시발점은 헌터의 '잘못된 취업'이었다는 점에서 바이든 역시 책임에서 자유롭지 않다.

더 큰 문제는 미국과 중국이 치열한 무역 전쟁을 벌이는 상황에서 헌터가 중국 정부와 '유착 관계'가 있다는 얘기가 도는 점이다. 2013년 조 바이든 부통령이 중국에서 시진핑 주석을 만날 때 헌터가 동행했다. 이때 헌터는 중국 뱅커 조너선 리가 만든 BHR사모펀드 이사로 재직 중이었다.

이제 막 창업한 BHR파트너스는 바이든 방중 이후 규제가 까다로운 중국 당국에 초스피드로 사업 허가를 받고 이내 중국은행BoC에서 15억 달러(약 1조 8,000억 원)의 투자를 받는 대박을 친다. 바이든의 영향력이 없었다고 말하기 힘든 상황이다.

게다가 헌터는 중국이 가장 민감해하는 위구르 지역 주민의 개인정보 데이터를 중국 공안에 제공하는 인권 탄압용 앱 개발에 5,000억 원 이상을 투자한 사실이 밝혀져 곤혹을 치르기도 했다. 한마디로 중국과의 유착 의혹이 불거진 것이다. 부통령 바이든이 2013년 12월 중국을 방문할 때 동행했던 헌터가 이사로 있던 BHR파트너스란 사모펀드를 위한 로비를 벌였다는 것이다.

그런데도 바이든은 공개적으로 헌터를 비난하지 않은 것으로 전해진다. 오히려 트럼프를 상대로 "나랑 한판 붙자, 내 아들 건드리지 말라"고 으름장을 놓을 정도다. 친엄마 얼굴도 제대로 모르고 자란 아들에 대한 연민일 수 있다. 또한 남은 자식이라도 세상의 풍파로부터 지켜주고 싶은 부정父情일 수 있다.

하지만 바이든은 아들 때문에 자칫 '부패한 기득권' 이미지를 달고 가야 할 위기에 몰려 있다. 트럼프 측이 바이든을 놓고 '베이징 바이든', '조진핑'이란 말까지 만들어낼 정도로 공격 대상이 되고 있다는 점은 분명하다.

트럼프였기에
바이든이 될 수 있었다

역사상 가장 독특한 대통령, 트럼프

2016년 대선 등판을 포기하면서 사실상 정계 은퇴 수순으로 접어든 바이든을 4년 뒤 무대 위로 다시 복귀시킨 이유는 역설적이다. 동년배인 도널드 트럼프 미국 대통령이 2016년 대선에 이겼기 때문이다.

트럼프 대통령은 미국 역사상 가장 독특한 대통령으로 꼽을 만하다. 역사적으로 미국이 패권 국가로 자리매김한 이후 글로벌을 바라보는 미국의 시선은 패권 국가의 그것을 벗어난 적이 별로 없었다. 욕을 먹든 비판을 받든 베트남·이라크·아프가니스탄 전쟁에 개입해 자국 군인의 피를 흘리는 걸 주저하지 않았다. 석유를 틀어쥔 중동 국가를 구워삶아 산업 생산의 기반인 석유 시장을 안정적으로 관리하기 위해 애썼고 각종 국제기구에서 좌장 역할을 하며 글로벌 이슈를 주도했다. 요컨대 미국의 대통령은 단지 미국의 대통령이 아니라 '세계의 대통령' 노릇을 했다. 그것이 미국 대통령이라면 짊어져야 할 짐이었고 미국과 친한 국가들은 미국의 영향력을 적극 활용하려 애썼으며, 미국과 등을 돌린 국가도 앞에서 욕을 할지언정 미국이 글로벌 경찰 노릇을 하는 것을 당연하게 여기곤 했다.

또 미국의 정치가들은 대를 이어 정치의 길을 걷는 경우가 많기 때문에, 그들은 미국의 대통령이 어떤 역할을 해야 하는지 가문을 통해 당연하게 배우곤 했다. 그건 마치 동생이 줄줄이 있는 장남이 자연스레 '반半 부모' 노릇을 해야 하겠다는 강박관념을 갖는 것과 비슷했다. 장남으로서 동생에게 실질적으로 어떤 영향을 미치는지는 그다음의 얘기다. 말 안 듣는 동생을 패거나 윽박지르고 때로는 용돈을 주면서 회유하는 것들이 장남에게 부여된 암묵적인 룰 같은 것이기 때문이다.

그런데 트럼프 대통령은 이 모든 걸 기초부터 무시했다. "미국을 다시 위대하게"라는 자극적인 문구를 걸고 당선된 그는 기존 미국 정계에 빚이 없었다. 성공한 사업가이자 재능 있는 방송인이었던 그는 미국 대선이 정치 입문 무대였다. 미국 정치인이라면 능히 갖춰야 할 '위선' 같은 것들을 경멸했다. 주판을 튕기며 비즈니스를 하던 그는 "왜 미국이 세계에 이렇게 퍼주기만 해야 하냐"고 목소리를 높였다. 지금까지 그게 당연한 줄 알았던 미국 유권자들의 마음에 균열이 생기기 시작했다. 신생 정치인이었던 트럼프만이 낼 수 있는 새로운 전략이었다.

재산이 많았던 그는 정치자금에 목매며 누군가에게 굽신거릴 필요도 없었다. 이미 번 돈을 다 쓰고 죽기도 불가능한 그였다. 자신이 가진 자금으로 선거를 치르고 눈치 보지 않고 하고 싶은 말을 맘대로 했다. 미국 유권자들은 전무후무한 대선 후보 등장에 놀라면서도 슬슬 중독되기 시작했다.

하필 2016년 경쟁 파트너가 힐러리 클린턴이었다. 힐러리는 재능 있는 여성 정치인이다. 대통령으로서 미국을 이끌어갈 역량이 충분한 존재였다. 트럼프보다 힐러리가 전형적인 미국 대통령에는 더 어울리는 캐릭터였다. 그런데 하필 직전 대통령이 흑인 피를 50% 가진 버락 오바마였다. 저학력 백인 꼰대들은 슬슬 이런 생각을 하기 시작했다. '지금까지 미국 역사를 이끌어온 것은 나 같은 백인 남성이지. 손에 기름칠하고 볼트를 조이고, 고된 농사일을 하면서 미국이란 나라를 끌고 왔어. 근데 지난 8년간 흑인

대통령을 보다가 이제는 여성 대통령을 보아야 하나? 그것도 영부인에 국무장관까지 지내 지겨운 힐러리를?'

이런 속마음을 읽은 트럼프 진영이 저학력 백인 남성들이 좋아할 만한 '멕시코와의 장벽 쌓기' 등 민감한 이슈를 연일 만들어냈고 이들은 결국 트럼프 편으로 돌아서고 말았다. 오바마 정부는 상대적으로 매우 지지율이 높은 상태에서 은퇴한 케이스였다. 퇴임 직전 지지율이 무려 60%나 됐다. 이런 상황에서 정치 신인 트럼프가 대통령 자리에 올랐다는 것 자체가 기적이다. 편하지만 지루하고 뻔한 세월을 보내던 미국인들이 '뭔가 새롭고 자극적인 한 방이 없을까' 하고 갈증을 느끼던 찰나에 트럼프라는 기인이 나와 미국인의 정신을 쏙 빼놓은 셈이다.

하지만 사람들의 취향은 어제 다르고 오늘 다른 법이다. 캐릭터에 큰 차이를 보이지 않던 대통령만 보던 미국인들에게 트럼프 집권 4년의 시간은 트럼프를 놓고 여러 생각을 하게 하기에 충분했다. 쉽게 설명하면 트럼프는 가끔 먹는 자극적인 '외식' 같은 존재였다. 할라페뇨를 잔뜩 넣은 피자나 크림소스로 버무린 스파게티 같은 것이다. 비유하자면 늘 된장국을 곁들인 소박한 밥상을 주로 받던 유권자 입장에서 기존 메뉴와 전혀 다른 독특한 밥상은 호르몬 유효 기간이 지나기 전까지는 꽤 매력적으로 보일 수 있다. 하지만 어느 순간 이것도 익숙해지고 질리면 원래 먹던 된

장국 생각이 스멀스멀 나오는 것이다.

바이든은 바로 이 뻔하디뻔한 된장국 같은 존재였다. 2020년 미국 대선을 앞둔 민주당 경선 당시 바이든의 존재는 매우 도드라진다고 보기는 힘든 상황이었다. 4년 전 경선에 나선 힐러리를 마지막까지 위협했던 버니 샌더스 열풍이 여전했다. 젊은 진보의 압도적인 지지를 받는 샌더스 후보는 트럼프와 각을 세우기에는 최적의 카드가 될 수 있었다.

트럼프의 가장 강력한 대항마

민주당 대선 경선 레이스 첫 관문인 아이오와 코커스(당원 대회)에서 중간 집계 결과 깜짝 1위에 오른 30대 후반 피트 부티지지 전 미국 인디애나주 사우스벤드 시장의 선전 역시 바이든에겐 엄청난 위협이었다. 당시 2위는 샌더스, 3위는 엘리자베스 워런 상원의원이었다. 바이든은 '충격의 4위'였다.

당시 개표 62% 상황 기준 집계 결과, 부티지지 전 시장이 26.9%의 득표율(대의원 확보 비율)이었고 샌더스 상원의원이 25.1%였다. 바이든은 15.6%에 불과했으니 체면을 단단히 구긴 셈이다. 지지자 총수 단순 합산 기준으로도 샌더스 26%, 부티지지 25%, 워런 20%, 바이든 13%를 각각 기록해 바이든은 4위에

▶ 바이든은 트럼프와 정반대 이미지를 가진 강력한 대항마로 선택되었다.

불과했다.

부티지지 전 시장은 당시 민주당에서 가장 젊은 후보였다. 중도 성향의 '차세대 주자'로 인기를 끌었다. 그는 동성애자이기도 했다. 학교 교사로 일하는 '남편'을 두고 있었다. 또한 중앙 정치 무대 경험이 없는 신출내기였다. 인디애나 소도시의 시장 출신에서 유력 대선 주자로 한순간에 도약한 것이다. 2008년 오바마 후보가 '대세론'을 구가하던 힐러리를 누르는 것과 비슷한 구도였다.

그런데 왜 결국 바이든이 샌더스와 부티지지라는 막강한 경쟁자를 물리치고 최종 후보로 낙점될 수 있었을까. 그 이유는 역설적으로 본선 파트너가 트럼프라는 독특한 캐릭터였기 때문이다. 미국인들은 '외식' 대 '외식'의 싸움보다는 '외식' 대 '집밥'의 경쟁 구도를 더 원했던 것이다. 그렇기에 가장 '집밥' 캐릭터인 바이든을 결국 최종 후보로 낙점한 것이다.

이런 관점에서 보면 바이든의 경선 승리는 바이든에 대한 맹목적인 지지라고 보기는 다소 거리가 있을 듯하다. 트럼프에 질린 미국인들이 민주당 경선이라는 수단을 통해 그와 가장 반대되는 캐릭터를 내세운 셈이다. '트럼프 열풍'이 지나간 4년의 세월을 거쳐 불확실성이 가장 적을 것 같은 후보가 떠밀려 올라간 것으로 비유할 수 있다. 샌더스나 부티지지가 후보로 선출되면 대대적인 변화를 기대할 수 있지만, 미국 국민이 느끼는 4년간의 피로감은 바이든을 다시 중앙 무대로 불러올린 것이다.

4년 전 '정치적 올바름'을 강요하던 미국 사회에 질려 '막말'을 일삼는 트럼프에 호감을 느꼈던 사람들이 이제는 '예의 바름', '미국 정신'의 표본인 바이든에게 시선을 두고 있다는 얘기다.

2016년 대선에 출마하지 않은 그가 중앙 무대로 복귀하기 위한 이벤트로 '버지니아 샬러츠빌 사태'를 택한 것도 이와 관련이 깊다. 트럼프가 당선된 직후인 2017년 백인우월주의자들이 버지니아 샬러츠빌에서 행진을 벌이며 유혈 사태가 발생했다. 당시 트럼프는 사태의 책임을 백인우월주의자에게 명백히 돌리지 않은 채 모호한 태도를 보였다. '정치적 올바름'을 중요하게 생각하지 않는 그만의 논리 회로가 움직였기 때문이다. 바이든은 이때 트럼프 대통령을 맹비난하며 주가를 높였고 다음 해인 2018년 중간 선거에서 지원 유세를 벌이며 혁혁한 공을 세웠다. 바이든이 대선 '3수' 출마를 본격적으로 알린 건 2019년 4월 시점이었다.

이날 그가 내세운 메시지 역시 바이든다운 것이었다. 그는 유튜브와 트위터를 비롯한 소셜미디어를 통해 출마 영상을 띄웠는데 "이 나라의 핵심 가치, 세계에서 우리의 지위, 우리의 민주주의 등 미국을 미국으로 만들었던 모든 것이 위험에 처했다. 그래서 나는 이날 미국 대통령 선거 출마를 선언한다"고 선언했다.

'트럼프가 하는 것의 반대로 하자'는 전략의 일환이다.

그는 이날 '샬러츠빌 사태'를 들며 트럼프 대통령을 비판했다. 대통령이 증오를 확산하는 사람들과 그것에 대항할 용기를 가진 사람들 사이에 도덕적 동등성을 부여했다고 비난했다. 그것이 자신의 출마 결심에 영향을 줬다고 선언했다. 그는 이어 "만약 우리가 트럼프에게 백악관에서 지낼 8년의 시간을 준다면 그는 영원히 그리고 근본적으로 이 나라의 성격, 우리가 누구인지를 바꿀 것이다. 나는 그것이 일어나는 것을 가만히 보고 있을 수 없다"고 잘라 말했다.

그는 대선을 '이 나라의 영혼을 위한 전투'라고 규정지었다. 바이든은 "나는 역사가 트럼프 대통령의 4년을 되돌아볼 것이라고 믿는다"며 "역사는 트럼프 대통령의 집권기를 '일탈의 순간'으로 평가할 것"이라고 말하기도 했다.

30년이 넘는 상원의원, 8년간의 부통령 임기를 거친 '노련한 정치인' 바이든이 어떻게 해야 트럼프와 정확히 '각'을 세울 수 있는지를 꿰뚫어본 것이라 할 수 있다. 바이든은 4년 전 '트럼프의 강점'이었던 것이 이제는 '트럼프의 약점'이 될 수 있음을 깨닫고 있었다. 한마디로 바이든은 트럼프가 추대한 후보라 할 수 있다.

강점만큼
약점도 많은 사람

불거지는 성희롱 의혹

바이든은 강점이 많지만 그만큼 약점도 많은 사람이다. 실수도 많이 하고 말도 더듬는 등 미숙한 부분도 많다. 오죽하면 '치매에 걸렸다'는 소문이 돌 정도다.

바이든을 가장 곤혹스럽게 만든 약점은 2019년 민주당 경선 이전부터 불거졌던 성희롱 의혹일 것이다. 시발점은 2014년 네바다주 부지사에 출마했던 루시 플로레스의 폭로였다. 그는 뉴욕 잡지 〈더컷〉에 올린 기고문에서 "선거유세 지지 집회에 온 바이든 당시 부통령이 뒤에서 어깨에 손을 올리더니 뒤통수에 키스했다. 불안하고 불쾌했고 혼란스러웠다"고 썼다. 이틀 뒤에는 짐 하임스 하원의원의 보좌관이었던 에이미 라포스의 폭로가 이어졌다. 그는 코네티컷 일간지인 〈하트포드 커런트〉와의 인터뷰에서 "성적인 행동은 아니었다고 생각하지만, 바이든이 2009년 열린 모금 행사에서 내 머리를 손으로 움켜쥐었다. 그러더니 내 목에 손을 감고 확 끌어당겨 코를 비볐다. 난 그가 키스할 것이라고 생각했다"고 얘기했다.

라포스는 10년이 지나서야 항의하는 이유를 묻자 "난 당시 중요한 인물이 아니었지만, 그는 부통령이어서 항의할 수 없었다. 지켜야 할 선이라는 게 있는데 그 선을 넘는 것은 할아버지처럼 자상한 행동이라 할 수 없다. 문화적인 행동이나 애정도 아니다. 성차별 혹은 여성 혐오"라고 말했다.

일파만파 의혹이 확산되자 급기야 바이든 측은 성명을 냈다. 바이든은 "오랜 기간 공직 생활을 하면서 수없이 악수하고 포옹하고 애정과 지지, 위안의 표현을 했다. 하지만 단 한 번도 결코 부적절한 행동을 했다고 생각하지 않는다. 만약 내가 부적절한 행동을 했다고 누군가 주장한다면 나는 정중하게 들을 것이다. 하지만 그건 결코 나의 의도가 아니었다"고 말했다.

하지만 바이든에 대한 미투 열풍은 끊이지 않고 나와 작가 D.

J. 힐, 대학생 케이틀린 카루소, 민주당 당직자 엘리 콜, 시민단체 대표 소피 캐러섹, 백악관 인턴 출신 바일 코흐네르트–윤트 등이 잇달아 "나도 당했다"며 들고일어났다.

치명적 폭로

바이든을 둘러싼 의혹은 대선 가도가 한창인 2020년에 4월 들어서도 이어졌다. 바이든이 상원의원이었던 1993년 바이든 사무실에서 일한 타라 리드Tara Reade가 바이든에게 성폭력을 당했다고 〈뉴욕타임스NYT〉에 폭로한 것이다. 그는 이어 워싱턴 경찰 당국에 자신의 피해 사실을 신고하며 바이든 성폭력 의혹이 경찰 수사로 옮겨진 것이다. 당시 사무 보조원이었던 리드는 바이든의 사무실에서 인턴들을 관리하고 바이든에 대한 서류를 정리하는 일을 맡았다. 리드는 인터뷰를 통해 이같이 말했다.

"1993년 상원 건물 안에서 그에게 가방을 건네주러 갔다. 그러자 그가 나를 벽에 기대게 하더니 손을 셔츠와 치마 속으로 집어넣었다.

목과 머리에 키스하기 시작했다. 바이든은 무릎으로 내 두 다리를 떼어놓았다. 셔츠 속에 한 손이 들어 있었고 다른 손은 스커트 위아래를 오갔다. 나는 거의 까치발로 서 있던 것으로 기억한다.

내가 거절의 뜻을 밝히자 그는 '네가 나를 좋아한다고 들었다'고 말했다. 그러면서 나를 손가락으로 가리키더니 '너는 아무것도 아니야'라고 말했다."

〈NYT〉 등의 보도에 따르면 리드는 바이든에게 성폭력을 당한 이후 전화로 어머니에게 이 사실을 전했다고 한다. 친구들에게도 고민을 털어놨다고 한다. 또 그녀의 전 남편은 1996년 리드와 이혼 소송을 하고 있었는데 당시 이혼 소송 보고서에 "이 사건이 리드에게 아직도 매우 충격적인 영향을 미친 것으로 보인다"고 썼다. 리드의 어머니는 리드가 바이든을 고소할 거란 얘기에 CNN 쇼에 제보했다는 후문도 알려져 있다.

리드는 바이든 성폭력 폭로 이후 소셜미디어가 해킹당하고 '러시아 공작원'이라는 비난을 받기도 했다. 바이든 측은 이 사실에 대해 "성폭력 주장은 거짓이다"고 강력하게 부인했다. 당시 의원실에 근무하던 마리안 베이커와 데니스 토너, 테드 카우프만 등 3명의 관리자 역시 "바이든이 그런 혐의를 받는 것은 말이 안 된다. 부적절한 행위에 대한 기억이 없다"고 말했다. 바이든은 MSNBC 방송에 출연해 "그것은 사실이 아니다. 이런 일은 결코 일어나지 않았다"고 거듭 강조하며 "27년 후에 이 모든 것이 왜 제기되는지 모르겠다"면서도 "나는 그녀의 동기에 대해 의문을 제기하지는 않겠다"고 했다.

끊이지 않은
말실수

횡설수설과 실언

바이든은 잦은 말실수로 구설에 오르고 있다. 가장 대표적인 사례는 언론이 '바이든의 이상한 다리 색깔 스토리Biden's Weird Leg Hair Story'로 이름 붙인 연설이다. 2017년 6월 어린 흑인 학생들을 옆에 두고 얘기하던 와중에 그는 갑자기 본인의 다리털 색깔 얘기를 꺼냈다. 말도 살짝 더듬었다.

"그나저나 제가 스탠드에 앉아 있을 때, 덥다고 느낍니다. 저는 다리에 털이 많은데, 그게 변해요. 그…음…, 금발로요. 해가 비치면요. 그러면 아이들이 수영장에 나와서 저에게 다가와 제 다리를 쓰다듬곤 합니다. 다리털이 똑바로 펴지게요. 그러다 다시 다리털이 서는 것을 구경하곤 합니다. 저는 바퀴벌레에 대해, 무릎에 뛰어드는 아이들에 대해 알게 됐어요. 전 아이들이 제 무릎에 뛰어드는 걸 좋아합니다."

지금 들어봐도 무슨 말인지 전혀 해석이 되지 않는 얘기를 횡설수설 늘어놓고 있다. 이때 바이든을 둘러싼 것은 흑인 아이들이었는데 백인들이 흑인들을 인종 차별적인 의미로 '바퀴벌레'라고 부르는 경우가 있어 미디어들이 "바이든이 제정신이냐"며 엄청난 질타를 해댔다.

2020년 2월 민주당 대통령 후보 경선을 위해 사우스캐롤라이나South Carolina를 찾은 그는 본인이 대통령이 아닌 '상원'에 출마하는 민주당 후보라고 소개했다.

"내가 어디 출신이냐고요. 묻지 않으면 여러분은 성공할 수 없습니다. 제 이름은 조 바이든이고 미국의 민주당 '상원의원' 후보입니다. 여러분이 원하는 걸 보고 싶다면 저를 지켜봐 주시고 도와주십시오. 그게 아니라면 다른 바이든을 찍어주세요."

크리스 월러스가 진행하는 폭스뉴스 인터뷰에서는 사람 이름을 잘못 부르는 해프닝을 연출한다. 크리스가 "부통령님, 오늘 시간 내주셔서 감사합니다. 빠른 시간 내에 복귀해주셨으면 좋겠습니다"라고 말하자 바이든은 "알겠어요, 잭. 정말 고마워요"
라고 답했다.

당황한 진행자가 "알겠습니다. 저는 크리스입니다만, 어쨌든"
이라고 답하자 더 당황한 바이든은 "아, 방금 크리스라고 말했어
요. 아니, 척이라고 말했어요"라고 둘러댔다. 인터뷰를 여러 차례
해서 헷갈렸다고 변명하는 모습도 보인다.

민주당 경선 당시 아이오와주에서는 아시아계와 히스패닉계 유
권자들 앞에서 "가난한 아이들도 백인 아이들만큼 똑똑하고 재
능이 있다"고 말해 논란의 중심에 섰다. 마치 유색 인종은 가난하
고 백인은 무조건 똑똑하고 재능이 있는 것으로 비칠 수 있기 때
문이다. 그는 곧바로 "부유한 아이들, 흑인 아이들, 아시아계 아이
들"을 끼워 넣었지만 이미 뱉은 말을 주워 담기는 힘들었다.

미국 민주당 대선 후보로 확정될 시점에는 인종 차별과 관련
한 실언을 하기도 했다. 한 방송에 출연한 바이든은 대화 파트너
로 나온 흑인 남성에게 "나를 지지할지 트럼프를 지지할지 판단
하는 데 어려움이 있다면, 당신은 흑인이 아니다you ain't black"라
고 말했다.

민주당이 미국 흑인 계층을 상대로 공화당에 비해 많은 지지
를 받고 있는 것은 맞다. 이 발언은 바이든이 '흑인이라면 11월
대선에서 나를 지지해야 한다'는 발언을 과장되게 얘기한 것이라

볼 수 있지만, 이 역시 인종 차별적 발언으로 비칠 수 있는 대목이다. 이를 놓고 설왕설래가 이어지자 바이든은 "나는 흑인 표를 당연한 것으로 생각하지 않는다. 그 어떤 사람도 인종이나 종교, 배경에 따라 특정한 당에 투표해서는 안 된다"고 해명하기도 했다. 트럼프 역시 이를 놓고 "바이든은 흑인이 독립적이고 자유로운 사고를 할 능력이 없다고 생각하고 있다"고 비꼬았다.

말실수가 빚어낸 해프닝

비교적 나이가 젊었던 2008년, 대선을 앞두고도 말실수 논란에 휘말린 적이 있다. 부통령 후보로 경선을 뛰던 그는 버락 오바마 대선 후보를 놓고 "저의 친구라고 자랑스럽게 부를 수 있는 한 남자가 있다. 미국의 다음 대통령이 될 남자, '버락 아메리카'를 소개한다"며 목소리를 높인다.

버락 오바마 이름이 어려웠는지 오바마를 둘러싼 말실수는 여러 차례 이어졌는데 한 소규모 연설에서는 크림반도를 강제로 병합한 러시아를 강한 어조를 비난하다가 "미국의 대통령인… 내 보스는"이라고 말을 돌리기도 했다. 순간적으로 이름이 기억이 나지 않았기 때문이다. 버락 오바마를 '오바이든 바마'라고 부른 연설도 있다.

부통령 시절에는 오바마를 아예 클린턴으로 바꿔 부르는 해프닝을 연출하기도 했다. 2012년 오바마가 밋 롬니 공화당 대선 후보와 싸울 당시 바이든 부통령은 오하이오주 클리블랜드를 방문해 "클린턴 대통령이 크라이슬러를 파산시켜 지프 일자리를 중국으로 옮기려 한다는 롬니 캠프의 광고를 여러분도 봤을 것이다"라고 연설을 시작했다. 오바마의 이름을 클린턴 대통령으로 잘못 말한 것이다.

당시 롬니 캠프 측은 '오바마 대통령이 오하이오 자동차 생산 공장을 중국으로 옮기도록 허가했다'며 이 지역 일자리 민심을 요동시킨 바 있다. 당시 자동차 산업은 오하이오 전체 일자리 중 약 8분의 1을 담당했다.

부통령으로 재직할 당시 오바마와 엇박자를 낸 일도 여러 번이다. 2009년 7월 벌어진 일이다. 부통령으로 임기를 시작한 지 그리 오래된 상황이 아니었다. 금융위기 여파로 경제는 좋지 않을 때다. 바이든은 5일(현지시각) 한 방송에 출연해 "경제가 얼마나 나쁜지에 대해 오바마 정부가 잘못 판단했다"고 말했다. "주권 국가인 이스라엘은 자신의 국익에 부합하는 일을 스스로 결정하고 행동할 수 있다"고 말하기도 했다. 당시 이스라엘과 이란 간 갈등이 극에 달해 있었는데 이는 이스라엘의 이란 공격을 묵인하는 것 아니냐는 논란을 일으킨 것이다.

이틀 뒤 오바마는 바이든의 발언에 대해 해명해야 했다. 오바마는 다른 방송과의 인터뷰에서 "바이든이 (경제의 심각성을 오판했다고 말했는데) 잘못 판단했다고 말하기보다 정보가 불충분했다고 말하고 싶다"고 해명에 나섰다. 바이든의 '이스라엘 발언'과 관련해서는 "바이든은 우리가 다른 국가에 지시할 수 없다는 사실을 얘기한 것이다. 중동에서 갈등을 일으키지 않으면서 국제적으로 이란 핵 문제를 해결하려고 노력해야 한다는 점을 이스라엘에 직접 얘기했다"고 말했다. 미국이 이스라엘의 이란 공격을 '묵인했다'는 뜻이 아니란 걸 밝힌 것이다.

바이든이 러시아 폄하 발언으로 논란을 일으키자 국무장관이었던 힐러리 클린턴이 나서서 대신 해명해준 사례도 있었다. 부통령으로 재직하던 바이든은 한 신문과 인터뷰에서 "러시아는 국내 경제의 위축으로 매우 어려운 결정을 내려야 할 시기에 놓였다. 핵 문제를 비롯한 안보 이슈를 서방 세계에 양보하게 될 것이다. 인구가 지속적으로 줄어들고 경제가 악화되면서 러시아의 금융 시스템은 붕괴 위기에 놓여 있다"고 핵폭탄 발언을 했다.

자막기가 필요한 사람

당시 오바마 대통령은 드미트리 메드베데프 러시아 대통령과

정상회담에 나서며 양국 간 호의적인 분위기를 조성하던 때였다. 당연히 인터뷰를 본 러시아 측은 발끈하며 해명을 요구했다. 그러자 힐러리 클린턴 국무장관이 한 인터뷰를 통해 "오바마 행정부는 러시아를 여전히 강대국으로 인정한다. 우리는 러시아를 존중한다. 모든 나라가 어려운 도전에 직면해 있고 미국이나 러시아도 예외는 아니다"며 바이든 발언의 물타기에 나섰다.

바이든은 간혹 '버럭' 하는 성정을 드러내 미디어 입방아에 오르기도 했다. 유세 현장에서 21세의 여대생에게 '개의 얼굴을 한 조랑말 병정dog-faced pony soldier'이라고 쏘아붙인 게 대표적인 사례다. 발단은 경선 당시 뉴햄프셔주 햄프턴에서 열린 유세였다. 이 당시 바이든은 경선 초반부 아이오와 코커스에서 참패한 이후 극도로 예민한 상태였다. 이날 유세에서 21세의 매디슨 무어는 바이든에게 "아이오와의 결과에 대해 어떻게 설명할 것인가. 왜 유권자들이 당신이 대선에서 승리할 것이라고 믿어야 하나"라고 질문했다.

바이든이 여유가 있었다면 차분한 어조로 자신의 경쟁력에 대해 얘기하면 될 일이었다. 상대는 손녀뻘 여대생이었다. 하지만 당시 바이든은 "바이든이 과연 본선 경쟁력이 있느냐"는 미디어의 비판에 정신을 차리지 못한 상황이었다. "조기 사퇴만이 답이다"는 요구를 들을 정도로 상황이 좋지 않았다.

그래서 바이든은 "아이오와 코커스라. 코커스에 가본 적이라도 있나"라고 되묻는다. 무어가 "그렇다"고 대답하자 바이든은 "아니 너는 가지 않았다. 너는 거짓말을 하는 개의 얼굴을 한 조랑말 병정이다"라며 쏘아붙이고 만다.

바이든 캠프에 따르면 '개의 얼굴을 한 조랑말 병정'이란 미국 서부극의 대부 격인 존 웨인 영화에 등장한 소재라고 한다. 극중 인디언 추장이 웨인에게 하는 대사라고 바이든 측은 설명했다. 하지만 존 웨인의 영화 어디에도 비슷한 대사가 없다는 미디어 분석 비평이 이어지며 바이든을 더 곤혹스럽게 만들기도 했다. 무어 측은 "바이든에게 모욕을 주려 한 게 아니었다"고 설명하며 "바이든의 반응에 놀랐다"는 답변을 하기도 했다.

그의 '매서운 입'은 동료 정치인을 두고도 멈추지 않았다. 바이든은 부통령 시절 공화당 소속 의원들을 '비명 지르는 돼지 squealing pigs'에 비유한 바 있다. 당시 금융 규제 이슈가 미국 정가의 화제였는데 바이든은 "금융 규제에 반대하는 공화당원들, 특히 공화당 대선 후보인 밋 롬니 전 매사추세츠 주지사를 보면 마치 비명 지르는 돼지와 같다"고 말했다. 이와 관련해 바이든은 흑인이 많이 거주하는 버지니아주의 한 도시를 방문해 "공화당 롬니 후보가 탐욕스러운 월가 대형 은행을 금융 규제에서 풀어주면 중산층 미국인들이 쇠사슬chain에 묶이게 될 것"이라고 말해 비난이 일기도 했다. '쇠사슬'이란 단어에서 미국의 과거 '흑인 노예'를 연상시킬 수 있는 여지가 있기 때문이다. 상황과 장소에 맞지 않는 단어를 써서 화를 자초했다는 얘기다.

심지어 바이든이 말실수 때문에 고등학생에게 사과 편지를 보낸 사례도 있을 정도다. 2010년 3월 의료보험 개혁 법안 서명식 당시 벌어진 일이다. 바이든은 연설 이후 버락 오바마 대통령을 소개하며 마이크를 넘긴다. 짧은 찰나 오바마를 끌어안고 "정말 ××, 잘된 일big fucking deal이야"라고 말했다. 귀에 대고 거의 속삭이는 정도였지만 문제는 이 소리가 마이크를 타고 외부로 그대로 전달된 것이다. 그러자 켄터키에 거주하는 브랜든 핼컴이라는 고등학생이 바이든 앞으로 공개 서한을 보내 적절치 못한 단어 선택에 대해 비판했다. 바이든은 사과 편지에서 "흥분된 심정을 좀 더 적절한 방식으로 표현했어야 했지만 그러지 못해 유감이다"라고 해명했다.

바이든의 말실수가 연일 화제에 오르자 오바마 대통령이 이를 빗대 농담을 한 사례도 있다. 그는 백악관 출입 기자 만찬 자리에서 "앞으로 100일간 나는 자막기 없이 연설하는 법을 배우고 바이든은 자막기를 그대로 읽는 법을 배우게 될 것이다"라고 말해 폭소를 이끌어냈다. 오바마가 연설할 때 지나치게 자막기에 의존하고 바이든은 정제되지 않은 발언으로 실수를 하는 것을 유머 있게 말한 것이다. 미국 정치 매체 〈폴리티코〉에 따르면 버락 오바마가 상원의원 시절 동료 의원인 바이든의 밑도 끝도 없는 연설을 듣고 있다가 보좌관에게 "날 그냥 죽여줘, 지금"이라는 쪽지를 건넸다는 일화도 전해진다.

그럼에도 왜
바이든을 지지하는가

친근함이 최대 무기

그렇다면 미국 국민은 이렇게 말실수가 잦은 바이든을 어떤 이유로 지지하고 좋아하는 것일까? 왜 바이든은 2020년 미국 대통령 후보 민주당 경선에서 버니 샌더스, 엘리자베스 워런, 피트 부티지지, 마이클 블룸버그 같은 쟁쟁한 인물을 꺾고 1위를 차지했을까? 버락 오바마 전 미국 대통령은 무슨 이유로 '말실수 제조기' 바이든을 부통령 파트너로 임기 8년을 함께 보냈을까?

2020년 8월 17일부터 20일까지 위스콘신 밀워키에서 열린 미국 민주당 전당대회는 바이든 대통령 만들기의 '정점' 이벤트를 담당했다. 바이든을 미국 대선 후보로 공식 선출하는 일정을 포함했다. 민주당과 공화당 모두 전당대회에서 대선 후보가 후보 수락 연설을 하고, 이를 지지하는 동료들이 연설을 통해 미국 국민 시선을 사로잡는 역할을 한다. 대선 가도로 가는 가장 '화려한 쇼'라 할 수 있다.

전당대회에서는 오바마 전 대통령과 부인 미셸 오바마, 빌 클린턴 전 미국 대통령, 부통령 후보인 캐멀라 해리스, 존 매케인의 부인 신디 매케인, 경선 경쟁자였던 버니 샌더스 등이 총출동해 '바이든 띄우기'에 여념이 없었다. 전당대회는 바이든의 약점은 감추고 강점을 살리기 위해 철저하게 계획한 이벤트이기 때문에 여기서 민주당이 바이든을 어떻게 포장했느냐를 보면 미국인들이 좋아하는 바이든의 모습을 알 수 있다.

전당대회에서 민주당은 바이든의 '친근함'에 주목했다. 주변을 돌아볼 줄 아는 '따뜻함', '신사다움', '품격' 이런 것들로 바이든을 설명했다. 앨런 거버Alan Gerber 예일대 교수를 비롯해 그레고리 후버Gregory Huber, 데이비드 도허티David Doherty 등이 쓴 논문 「왜 사람들은 투표하는가Why People Vote: Estimating the Social Returns to Voting」는 유권자의 투표 여부가 특정 후보를 얼마나 호의적으로 보는지에 직접적인 영향을 끼친다고 주장한다. 투표

이론에는 합리적 선택 이론, 정당 선택 이론 등 여러 가지가 있지만, 후보에 대한 호감도가 매우 큰 영향을 미친다는 것이다. 또 투표라는 행위는 주위 사람들에게 '내가 얼마나 깨어 있는 인물인지'를 은연중에 드러내고 싶은 인간의 욕망도 자극한다.

김재수 퍼듀대 경제학과 교수가 한 신문에 기고한 바에 따르면 거버 예일대 교수 연구팀은 미시간주의 예비 선거에서 유권자 8만 명에게 서로 다른 편지를 보냈다고 한다. 한 그룹에는 '투표는 시민의 의무'라는 사실을 일깨우는 편지를, 다른 그룹에는 주변 이웃의 과거 투표 참여 여부를 알려주면서 다음 선거에 같은 양식의 편지가 발송될 것이라고 알리는 내용을 보냈다. 한마디로 당신의 투표 여부가 다음 선거 때 주변 이웃에게 전해진다는 얘기였다. 그 결과 두 번째 편지를 받은 사람들의 투표 참여율이 훨씬 높았다고 한다.

이런 측면에서 바이든 캠프는 바이든의 호감도를 극대화시켜 선거에서 이기려는 전략을 쓴 것으로 보인다. 그게 표심을 극대화할 수 있는 가장 합리적인 전략이라는 결론을 내린 것이다.

보살필 줄 아는 사람

민주당 전당대회에서 가장 주목을 끈 인물은 13세의 소년 브레이든 해링턴이었다. 그는 전당대회 몇 달 전 뉴햄프셔주에서 바이든 후보를 처음 만났다고 했다. 이 자리에서 바이든은 어린 시절 자신이 말더듬이었다는 것을 털어놓고 그런데도 부통령 자리에까지 올랐다고 소년에게 말했다. 또 소년은 "바이든이 예이츠의 시 구절을 소리 내 읽어보면 말더듬이를 고칠 수 있다고 했다"며 "미리 원고를 읽으며 표시해두면 큰소리로 연설을 할 수 있는지 시범을 보여주기도 했다"고 말했다. 해링턴은 "자신이 바이든 후보로부터 돌봄을 받았다"며, "미국과 우리가 사는 세상이 더 나아지고, 더 돌봄을 받는 느낌이 있으려면 바이든에게 한 표를 행사해야 한다"고 호소했다. 여전히 약간 더듬거리는 말투로 얘기했지만, 연설은 상당한 반향을 이끌어냈다.

"저는 그저 평범한 어린이입니다. 짧은 시간이었지만 바이든은 저를 계속 괴롭혔던 문제에 대해 더 많은 자신감을 심어줬습니다. 바이든은 저를 보살폈습니다. 그가 우리 모두를 위해 어떤 일을 할지 한 번 상상해보세요."

전당대회 첫날 행사에서 바이든의 상원의원 시절의 소탈함을 드러내기 위한 2분 46초짜리 동영상을 튼 것도 같은 맥락이다. 앞서 설명한 대로 상원의원 초기 시절 비극적인 사고로 가족을 잃은 그는 의원직과 아버지 역할을 둘 다 포기할 수 없어 거주지인 델라웨어주 윌밍턴에서 워싱턴DC 의사당까지 왕복 350km

넘는 거리를 매일 기차로 통근했다. 편도 1시간 30분 거리 암트랙(미국 철도)을 타고 2009년 부통령에 당선되기 전까지 30년 넘게 기차를 타고 다녔다.

그러다 보니 기차에서 일하는 직원들과 자연스레 친해졌다. 동영상에 나와 바이든의 품성을 알린 승무원 그렉 위버도 그중 하나였다. 위버는 바이든이 기차를 타는 다른 시민들과 전혀 다를 게 없는 사람이라고 전했다. 시간이 갈수록 승무원의 아이들, 손자들 같은 개인사에도 관심을 가지며 가족처럼 지냈다고 말했다.

2009년 부통령이 된 뒤 바이든은 더는 기차를 탈 수 없었지만, 인연은 계속되었다고 위버는 동영상에서 말한다. 심장 발작으로 쓰러진 뒤 회복해 전화를 받는데 전화를 건 사람이 바이든 부통령이었다는 것이다.

"내가 뉴욕의 한 이발소에 있을 때였는데 전화가 울려서 받으니까 바이든 부통령이 직접 전화를 했더라. 건강 상태가 어떠냐는 전화였다. 어찌 보면 웃기는 일이다. 내가 미국의 부통령과 통화를 하다니. 주변 사람들에게 이야기했더니 모두가 믿지를 않더라. 난 대단한 사람이 아니지만, 바이든에게는 특별한 사람이었던 거다. 바이든은 모든 평범한 사람이 자기에겐 중요한 사람이라는 걸 아는 사람이다. 평범한 사람이라도 그에겐 중요하다."

미셸 오바마의 연설도 상당한 화제를 끌었다. 그는 'V-O-T-

E(투표)'라는 글씨가 달린 목걸이를 하고 등장해 '그들이 저급하게 가더라도 우리는 품격 있게 간다when they go low, we go high'는 연설을 언급하며 바이든의 인격을 트럼프와 비교해 칭찬했다. 그는 "상대방의 인격을 해치고 비하하는 사람들과 똑같이 하는 것은 우리 또한 흉물스러운 잡음의 일부가 되는 것이고 우리 품격을 떨어뜨리는 것이다. 바이든은 신의를 따르는 품위 있는 사람이지만 트럼프는 이 시대에 부응할 수 없는 사람이며, 우리가 필요로 하는 사람이 될 수 없다"고 목소리를 높였다.

버니 샌더스는 "바이든을 통해 우리는 (지도자로) 연민을 느낄 줄 알고, 정직하고, 품위 있는 인간을 갖게 되는 것이다. (이런 것들은) 미국 역사를 통틀어 바로 이 순간에 이 나라가 가장 필요로 하는 것들이다"고 목소리를 높였다.

이날 전당대회에는 바이든의 가족사가 한 편의 영화처럼 꾸며졌다. 세상을 떠난 장남에 대한 이야기가 나왔고 둘째 아들 헌터와 딸 애슐리, 4명의 손주가 나와서 '인간 조 바이든'에 대한 여러 일화를 소개했다. 바이든은 손주들에게 매일 전화를 거는 할아버지였다. 의회 직원의 할머니와 전화 통화를 하느라 TV 인터뷰 약속에 늦은 일화도 소개됐다. 부인 질 바이든은 바이든의 아픈 개인사를 담담하게 읊으며 "망가진 가족을 어떻게 온전하게 바꾸는지는 한 나라를 온전하게 만드는 것과 방법이 같다. 사랑과 이해, 작은 친절, 용기 그리고 변함없는 믿음이다"라며 바이든을 칭찬했다. 오바마 전 대통령도 8년간 파트너로 일한 바이든의 '공감 능력'에 초점을 맞췄다.

전당대회에서 바이든을 공식 지명하는 역할은 바이든이 1월 〈NYT〉를 방문했을 당시 바이든을 엘리베이터에서 만난 건물 보안 요원인 재클린 브리태니에게 주어졌다. NYT 본사의 흑인 여성 경비원 재클린 브리태니는 바이든이 인터뷰차 〈NYT〉 본사를 찾았을 때 "신문사에 오는 유명한 사람들은 내가 안내한 엘리베이터를 타고 올라가고, 난 로비로 돌아간다. 그런데 바이든과 보낸 짧은 시간, 그는 날 신경 썼으며 내 삶이 그에게 의미가 있다는 걸 알 수 있었다"고 말했다.

전당대회의 '꽃'이라 부를 수 있는 바이든 후보의 후보 수락 연설도 추상적인 가치에 바탕을 둔 것이었다. 바이든 연설의 핵심은 '어둠의 시절을 극복하겠다'는 것이었다. 그는 전당대회 마지막 날 밤 델라웨어주 윌밍턴 자택 인근 체육관에서 대선 후보 수락 연설을 했다.

바이든은 "나에게 대통령직을 맡겨준다면 나는 우리의 가장 나쁜 면모가 아니라 가장 좋은 면모에 의지할 것이다. 나는 어둠이 아니라 빛의 동맹이 될 것이다"라고 역설했다.

그는 2017년 8월 버지니아주 샬러츠빌에서 백인우월주의자들이 벌인 폭력 시위에 대한 트럼프의 발언을 회고하며 "'그 순간 나는 (대통령 선거에) 출마할 수밖에 없다'고 생각했다"고 말했다. 바이든은 "그때 (트럼프) 대통령이 뭐라고 말했는지 기억하는가. '양쪽에 모두 매우 좋은 사람들이 있다'고 했다. 이건 우리나라에 경종을 울린 사건이다. 내 아버지는 침묵은 곧 공모라고 가르쳤다"고 출마의 당위성을 피력했다.

바이든은 선거운동 기간 늘 자신의 품성에 방점을 찍었다. 트럼프가 망친 '미국의 정신'을 다시 찾아야 한다고 호소했다. 트럼프의 인종주의와 차별주의, 저급한 태도와 고립주의적 시각이 미국을 망치고 있다고 역설했다. 한마디로 트럼프는 미국의 대통령으로 마땅히 갖추어야 할 '품격'이 없는 인물이라는 메시지다.

미국적인 가치에 어울리는 이미지

2020년 8월 열린 민주당 전당대회에서 바이든의 공약 소개, 정책 전략 등 소개를 최소화한 대신 바이든의 '인품'을 널리 알리는 데 집중한 것은 이런 전략을 통해 트럼프와 가장 날카롭게 '각'을 세울 수 있기 때문이다. 명확한 차별화 포인트가 여기에 있다. 바이든은 '미국적인 가치'에 가장 잘 어울리는 대통령 상인 것이 분명하다. 가족 중심적이고 이웃에게 따뜻하며 불의를 보면 참지 않고 차별과 배제를 혐오하는 이미지가 있다. 미국이 추구하는 '정치적 올바름political correctness'에도 가장 잘 들어맞는 후보다.

반면 트럼프는 이와 관련한 거의 모든 것에서 바이든과 대척점에 서 있다. 그런데 사람은 양면성을 지니고 있다. 겉으로 보이는 자신의 이미지는 대다수 바이든과 비슷해 보이기를 원한다. 자신이 그런 이미지로 남들에게 소비되기를 바란다. 따라서 바이든을 지지한다는 것은 자신도 '바이든이 가진 따뜻한 품성을 갖춘 사람이다'는 메시지를 주고 싶은 것으로 해석할 수 있다.

사람은 한편 자신보다 못한 사람을 무시하고 나와 다른 사람을 경멸하며 작은 이익을 위해서라면 이웃의 피해는 아랑곳하지 않는 면모도 가지고 있다. 지금도 많은 인터넷 커뮤니티에서 얼굴을 드러내놓고 말할 수 없는 수많은 차별적인 메시지들이 엄청난 지지를 받으며 읽히는 것을 볼 수 있다. 2016년 트럼프가 "멕시코 국경에 장벽을 쌓고", "이민자를 추방하겠다"는 '혐오와 배제'의 메시지를 들고서 당선된 것은 다수 미국인의 무의식이 트럼프의 메시지에 공감하고 있기 때문이다.

요컨대 바이든과 트럼프는 지금 미국이 가지고 있는 심리를 '동전의 양면'처럼 보여주는 인물이라 할 수 있다. 겉으로는 바이든처럼 자신도 품격 있게 보이기를 원하지만, 속마음은 트럼프가 내뱉는 독설에 공감할 수 있는 것이다.

예를 들어 2020년 5월 경찰의 과잉 진압으로 흑인 남성 조지 플로이드George Floyd가 사망한 사건을 놓고 지구촌 전역에 인종차별 반대 목소리가 높아진 사례가 있었다. 겉으로 보이는 미국인의 심리는 '벌어져서는 안 될 끔찍한 일이 벌어졌다. 다시는 이런 일이 일어나선 안 된다'는 것이었지만 웹상에서는 "마약 소지와 절도로 여덟 차례나 교도소를 들락거린 놈이 죽었다. 경찰의 체포에 순응했다면 이런 일이 벌어지지 않았을 것"이라고 쓴 익명의 글도 쉽게 찾아볼 수 있다.

트럼프 대통령이 플로이드 사망에 항의하는 백악관 앞 시위대가 '폭력배'였다고 맹비난을 했는데, 선거를 앞둔 트럼프가 강경 발언을 이어갈 수 있는 것도 '자신의 주장에 암묵적으로 공감하는 유권자가 많다'는 확신이 있었기에 가능한 일이다. 따라서 트럼프와 바이든 모두 미국을 대변하는 인물이다. 두 후보를 겹치면 미국의 모습이 나온다. 그리고 투표는 철저한 '비공개'를 원칙으로 한다. 그래서 선거 결과는 끝까지 예측하기 힘든 측면이 있다.

공화당에서도 라오르는
반反 트럼프 열풍

현실주의자 피터 틸의 선택

2016년 미국 대선 당시 피터 틸의 도널드 트럼프 공화당 후보 지지 선언은 엄청난 파장을 불러일으켰다. 틸은 페이팔 공동 창업자 중 한 사람으로 미국 실리콘밸리에서 알아주는 거물이었다. 당시 실리콘밸리에는 반反 트럼프 정서가 지배했다. 실리콘밸리 출신 CEO 등 145명이 "트럼프는 혁신에 재앙적"이라는 성명을 내놓을 정도였다. "표현의 자유, 개방성, 연구와 기반 시설에 대한 공적 투자, 법치 존중 등 미국의 기술 산업을 만든 이상들을 포용하는 후보를 원한다"는 이유였다. 트럼프 주장대로 이민을 막고 폐쇄적인 글로벌 정책을 펼치면 '혁신'을 먹고 자라는 실리콘밸리는 퇴보할 거란 주장이 가득했다.

하지만 틸은 모두가 힐러리 클린턴의 대선 승리를 점칠 때 트럼프 지지 선언을 하는 파격을 선보이며 트럼프 대통령 정권인수위원회에 이름을 올리기도 했다. 선거 후 본능적으로 돈 냄새를 맡는 틸의 '베팅'이 적중했다며 모두가 놀라움을 표시했다.

그런데 4년이 지난 후 트럼프와 바이든의 대결이 벌어지자 틸이 고무신을 거꾸로 신었다는 언론 기사가 폭주했다. 〈월스트리트저널WSJ〉 등 주요 언론이 틸이 "트럼프 대통령의 재선 가능성이 희박하다고 생각하기 때문에 대선 선거운동에 불참할 계획"이라고 주변에 얘기했다고 보도한 것이다. 틸은 2016년 공화당 전당대회에 나가 트럼프 지지 연설을 하고 125만 달러를 기부했다. 하지만 2020년에는 연설 계획도 없고 기부 계획도 없다는 의사를 밝혔다는 것이다.

틸의 주변 인사는 "틸이 트럼프 대통령 선거운동을 좌초된 배에 빗대기도 했다"고 전했다. 틸은 트럼프 대통령의 '코로나 대처법'에 실망해 지지에서 관망으로 돌아선 것으로 알려졌다. 정치 성향상 틸이 바이든을 지지할 확률은 낮지만, 트럼프 지지를 거뒀다는 것만으로도 시사하는 바가 적지 않다는 목소리가 나온다.

뒤바뀐 상황

2020년 바이든이 미국 대선에서 승리한다면 그 이유 중 큰 비중은 '지지층의 분열'이 차지할 것이다. 특히 트럼프가 속한 공화당 안에서 내분이 일어나고 있다는 점은 트럼프에게 뼈아프다. '굴러 들어온 돌'인 트럼프는 공화당 소속으로 정치를 오래 해온 '진골', '성골'은 아니다. 한때 그는 민주당에 잠시 몸을 담기도 했다. 근본적으로는 비즈니스맨이며 디벨로퍼고 또한 성공한 방송인이다.

트럼프가 지난 대선 공화당 경선에 참가해 쟁쟁한 후보를 꺾고 대통령 후보가 될 거라고는 경선 초기 아무도 예상하지 못 했다. 그야말로 질풍노도의 돌풍을 일으키며 후보 자격을 쟁취했다. "미국 정부가 전 세계를 돌보느라 정작 나에게는 신경을 못 쓰고 있다"고 불만을 내뱉는 저소득층 백인 남성 표심을 단숨에 사로잡으며 무無에서 유有를 창조했다.

'듣보잡'이 치고 올라와 대선 후보 타이틀을 따내 공화당 기득권층 입장에서는 '충격'과 '공포'였지만 이로 인해 큰 갈등이 불거지지는 않았다. 트럼프가 내세운 메시지는 '미국의 변화'를 이끄는 소외된 계층이 뿜어내는 '시대정신'이었기 때문이다. 트럼프와 경쟁하던 공화당 대선 주자들은 속으로는 마뜩잖아 할지 몰라도 겉으로는 트럼프를 지지하며 힘을 실어줬다. 민주당에 8년 동안 넘겨준 정권을 되찾는 게 우선이라고 봤다.

오히려 당시 내분이 일어난 것은 민주당 쪽이었다. '진보의 상징' 버니 샌더스를 지지하는 세력이 힐러리 클린턴을 도저히 찍어주지 못하겠다고 버텼다. 샌더스 역시 패배를 쉽게 받아들이지 못하고 투표를 앞두고서야 마지못해 힐러리를 지지하는 장면을 연출했다. 샌더스 지지층 입장에서는 '세상이 한번 확 뒤집혀보기'를 바랐는데 닳고 닳은 힐러리로는 꿈을 이룰 수 없다고 봤다. 그래서 성향이 전혀 다른 트럼프가 세상을 확 엎어버리는 것이 오히려 낫겠다는 생각을 했던 것이다.

그런데 4년이 지난 2020년, 내분이 일어나고 있는 것은 공화당 쪽이다. 4년간 트럼프 정부를 지켜본 공화당 인사들이 "트럼프의 정책은 공화당이 추구하는 본질 가치와 어긋난다"며 집단으로 들고일어나고 있다.

공화당 전당대회가 얼마 남지 않는 2020년 8월 〈로이터통신〉 등 외신은 미국 공화당 출신의 전직 최고위급 안보 관리 73명이 바이든 지지를 공개 선언했다고 보도했다. 이들은 공화당 행정부에서 일했던 관료들로 구성된 단체 '전직 공화당 국가 안보 관리들Former Republican National Security Officials' 소속이었다. 국가안보국NSA과 중앙정보국CIA 국장을 지낸 마이클 헤이든, CIA 국장과 연방수사국FBI 국장을 겸했던 윌리엄 웹스터, NSA 초대 국장 존 네그로폰테, 국가대테러센터NCTC 국장이었던 마이클 리터, 마이크 돈리 전 공군 비서 등 미국 국방·정보기관 최고위층을 역임한 인사들이 대거 들어가 있다.

이들은 〈WSJ〉에 낸 광고를 통해 "트럼프는 이 나라를 이끌 인격과 역량이 부족함을 입증했다. 대통령직을 수행하기에 부적합한 부패 행위에 연루돼 있다. 우리는 트럼프가 미국을 망쳤고, 바이든이 미국의 차기 대통령이 되어야 한다는 결론을 내렸다"고 주장했다. 공화당에 충성하며 핵심 보직인 정보·국방을 담당했던 최고위층 인사들이 잇달아 반기를 들고 나선 것이다. 이는 공화당 내에서 트럼프에 대한 반감이 얼마나 큰지 잘 보여준다.

이는 트럼프의 정책이 미국 공화당의 가치와 충돌해서이기도 하지만, 보다 근본적으로는 미국 정치 주류가 느끼는 트럼프에 대한 이질감을 단적으로 보여준다. 쉽게 말해 '굴러 들어온 돌' 트럼프는 미국 주류 정치 계층에게 '왕따'를 당하고 있는 것이다. 4년 전 미국 대선에는 트럼프 돌풍에 힘입어 트럼프를 견제하는 미국 기득권의 반발이 시야에 가려졌지만 4년 뒤에는 도드라지게 나오는 것이다. 또 '외골수' 정책을 펼쳤던 트럼프 대통령이 재임 4년간 공화당의 기득권층을 조화롭게 조율하지 못했다는 뜻도 된다. 트럼프는 공화당 내부에서 올라오는 의견을 경청하기보다는 자신만이 구사할 수 있는 '사파 무공'을 통해 외교와 정치, 정책을 끌고 나가는 모습을 보였기 때문이다.

공화당의 이상 조짐

미국 공화당의 '큰 어른'이던 존 매케인 상원의원과 트럼프가 극도로 불편한 사이를 유지한 것은 트럼프의 현실을 그대로 보여 준다는 평가다. 매케인은 베트남전에 참전해 북베트남군 대공포 에 격추되어 포로수용소에서 무려 5년 6개월간 포로 생활을 한 바 있다. 수많은 고문을 이겨내며 후유증으로 평생 한쪽 다리를 절고 양팔을 머리 위로 올릴 수 없는 장애를 입었다. 미국에서는 그를 시련을 극복하고 미국의 의지를 보여준 '신화 같은 인물'로 평가한다. 2008년에는 미국 대선에 공화당 후보로 출마해 버락 오바마와 대결을 벌였고 결국 패배했다. 대선 패배에도 불구하고 공화당은 물론 민주당 지지자 사이에서도 여전히 존경받는 '원로 정치인'으로 인정받고 있었다.

그런데 트럼프는 대선 후보 시절 "존 매케인은 영웅이 아니다. 영웅이라면 포로가 되지 않았어야 한다"고 주장하며 매케인과 불편한 사이를 만들었다.

2018년 매케인은 사망했는데, 트럼프 대통령은 매케인 장례식에 초대받지 못했다. 장례식에서 추모사를 한 매케인의 딸 메건은 트럼프 대통령을 겨냥해 "우리는 그가 기꺼이 치렀던 희생의 근처에는 결코 가지 못할 사람들의 값싼 레토릭(수사)도, 그분이 고통받고 봉사하는 동안 안락과 특권을 누리며 살아온 기회주의자들의 삶도 아닌, 미국인의 위대함과 참된 것이 사라지는 것을 애도하기 위해 이곳에 모였다"며 "미국은 항상 위대했다. '존 매케인'의 아메리카는 다시 위대해질 필요가 없다"고 쏘아붙였다. '미국을 다시 위대하게'를 내건 트럼프를 정면 겨냥한 것이었다.

반면 매케인과 정파를 초월한 우정을 나눴던 바이든은 매케인 장례식에 참석해 추도사를 낭독하며 "나는 바이든이고, 민주당원이다. 그리고 나는 매케인을 사랑한다"고 말해 완벽한 대조를 이뤘다. 바이든과 매케인은 가깝게 지내며 함께 출장을 다니고 심지어 상원의원 시절 부부 동반으로 소풍을 가기도 했다.

결국 2020년 신디 매케인 여사가 민주당 전당대회에 찬조 연설자로 등장해 트럼프를 비난하는 메시지를 내기에 이르렀다. 명시적으로 바이든을 언급하지 않았지만 사실상 바이든 지지를 선언한 것이다. 2008년 대권을 두고 싸운 오바마(민주당)와 매케인(공화당)이 모두 바이든을 지지하는 초유의 사태가 벌어진 것이다. 특히 매케인의 경우 트럼프가 강점이 있는 '백인 남성, 퇴역 군인' 계층을 상대로 표심을 끌어올 수 있는 잠재력이 있기 때문에 바이든 입장에서는 '천군만마'를 얻었다는 평가다. 그리고 2020년 11월 미국 대선에서 매케인의 지역구였던 애리조나가 바이든 편을 들어주면서 '죽은 매케인이 산 트럼프를 잡았다'는 평가가 나왔다. 매케인의 생전 지역구였던 애리조나는 오랫동안 공화당의 텃밭이었지만 매케인과 트럼프 사이의 불화를 본 공화당 지지자들이 잇달아 바이든에 표를 던진 것이다. 트럼프 입장에서는 공화당 내 반反 트럼프 불길을 진압하지 못해 안방을 내준 셈이 됐다.

이외에도 마일스 테일러 전 국토안보부 장관 비서실장, 마이클 헤이든 전 CIA 국장, 존 네그로폰테 전 NSA 국장 등이 "트럼프가 현명하게 국정을 운영하기를 원했지만, 그는 수백만 유권자를 실망시켰으며 재임하기에는 부적격이다. 대통령은 법의 지배를 약화했으며 우리 군대와 정보기관, 외교관들의 위신을 깎아내렸다"고 성명을 냈다.

미국 최초의 흑인 국무장관을 지낸 콜린 파월 역시 바이든 지지 연설을 했다. 그는 공화당 조지 W. 부시 행정부에서 국무장관을 역임했다. 파월은 "바이든이 세계 무대에 진출한 미국인들이 스스로를 자랑스럽게 여기도록 만들 '단결자Uniter'다"며 "바이든이 백악관에 있는 동안 전 세계의 친구들 편에서 적과 맞설 것이란 점을 의심하지 않는다. 바이든은 독재자와 폭군의 아첨이 아니라 우리 외교관과 정보기관을 믿을 것"이라고 호소했다. 이 밖에 2016년 트럼프와 공화당 대선 후보 경선 레이스를 펼쳤던 존 케이식 전 오하이오 주지사도 바이든 지지를 선언했다. 그는 2020년 8월 17일(현지시각) 민주당 전당대회에 사전 녹화 영상으로 등장해 "나는 평생 공화당원이었다. 하지만 지지는 국가에 대한 책임감 다음에 온다. 보통 때라면 (내가 이 자리에 서는) 이런 일은 일어나지 않는다. 하지만 지금은 보통 때가 아니다"고 말했다.

케이식 전 주지사는 공화당이 에이브러햄 링컨 전 대통령의 당이고 공화당의 유산이 자랑스럽다고 했다. 하지만 지난 4년은 공화당 원칙에 어긋났다면서 자신과 함께 민주당에 표를 던지자고 말했다. 트럼프 체제의 공화당은 자신이 알던 미국의 공화당이 아니라는 얘기다.

불과 1년 전까지 트럼프의 '책사' 역할을 했던 존 볼턴 전 백악관 국가안보 보좌관은 회고록을 펴내며 '트럼프 저격수'로 뛰고 있다. 한마디로 공화당 내 유명 인사들이 잇달아 바이든을 지지하고 나서며 '정파 간 벽'이 무너진 셈이다. 그만큼 여야를 초월해 '반反 트럼프' 정서가 강하다는 뜻이다.

트럼프가 2016년 당선된 비결이 공화당 내 지지 기반이 뚜렷해서는 아니었다. 그들은 '미국이란 나라는 백인이 만든 나라'라고 굳게 믿는 소외된 백인 계층 표심을 정밀 타격해 대통령 자리에 올랐다. 한마디로 '바닥 민심'을 끌어내 정상 자리에 오른 인물이다. 따라서 공화당 내 반대표가 쏟아지는 상황이 곧바로 트럼프의 몰락으로 이어지지는 않는다. 표심으로 이어지는 연결고리가 견고하지 않은 것이다.

하지만 '뼈대 있는 공화당 지지층'을 자부하는 표심 일부가 분명히 트럼프 대신 바이든으로 옮겨가는 효과는 거둘 수 있을 것으로 보인다. 공화당, 민주당 할 것 없이 많은 사람이 "미국다운 가치를 부활하기 위해 바이든이 필요하다"고 역설하고 있기 때문이다. 4년 전 트럼프가 등장했을 때 '신선함'에 가려졌던 트럼프의 독설들이 4년이 지나 여전히 부각되는 반면, 그를 대통령 자리에 올렸던 '말초신경을 자극하는 독설'과 '자극적인 태도'는 4년이 지나 '피로감'으로 변질될 수 있기 때문이다.

해리스 부통령 지명은
신의 한 수

바이든과 트럼프의 경쟁력

앨런 릭트먼 아메리칸대 교수는 '대선 족집게'로 유명하다. 대부분 당선 가능성이 희박하다고 본 도널드 트럼프가 2016년 힐러리 클린턴을 꺾고 미국 대통령 자리에 오를 것을 정확하게 예측했다. 그는 1984년 이후 대부분의 미국 대선 결과를 정확하게 예상한 것으로 알려져 있다.

그의 예측이 틀린 것은 2000년 대선이 유일하다. 앨 고어 전 미국 부통령이 조지 W. 부시 당시 공화당 후보에 패배했을 때였다. 이때는 플로리다주에서 투표용지 부정이 발견돼 재개표에 착수했다. 여기서 900표 차이로 밀렸던 고어가 역전에 성공하면 결과가 뒤바뀌는 상황이었다. 하지만 연방 대법원이 재검표 중지 결정을 내렸고, 고어는 패배를 수용했다. 그래서 부시 전 대통령의 당선이 확정됐다. 릭트먼 교수의 예측이 간발의 차이로 빗나갔다는 뜻이다.

릭트먼 교수는 대선 승리를 가늠할 수 있는 '13개 명제'를 기준으로 2020년 대선을 분석했다. 그 결과 "트럼프 대통령은 백악관을 떠날 가능성이 크다"는 결론을 도출했다.

그는 13가지 가운데 7가지 변수가 바이든 전 부통령에게 유리하다는 판단을 내렸다. 2018년 중간선거로 민주당이 하원 과반 의석을 차지한 '정당 입지'가 바이든에게 힘을 실어줄 것으로 봤다. 트럼프 대통령 재임 기간에 인종 차별 반대 시위가 번지면서 증폭된 '사회 불안' 역시 바이든에게 이득이었다. 강한 언사로 '스트롱맨'을 자처하지만, 대중의 대대적 지지는 이끌어내지 못하는 트럼프 대통령의 미흡한 '카리스마', 뚜렷한 성과가 없는 '외교·군사 분야' 등은 바이든에게 유리한 점이었다.

코로나19 사태로 경제가 단기, 장기 가리지 않고 침체에 빠진 상황도 트럼프 재선에 부정적인 요소다. 트럼프 행정부와 러시아가 유착되었다는 의혹이 불거진 '러시아 스캔들'이 끝내 '트럼프

탄핵안'으로 연결된 것도 트럼프 입장에서는 뼈아프다는 것이 릭트먼 교수의 분석이다. 탄핵안은 상원에서 부결되며 아무런 효과를 내지 못했지만, 하원을 통과한 것만으로도 트럼프 대통령에게 적잖은 '스크래치'가 됐다는 설명이다.

반면 나머지 6개 변수는 바이든이 트럼프보다 열세인 것이다. 우선 트럼프는 '현직 프리미엄'을 누릴 수 있고 공화당 내 경쟁자와 '제3후보'가 없다는 점에서 트럼프의 표가 깎여나갈 가능성이 적다고 봤다. 또 대대적인 감세안을 밀고 나가며 국가에 중대한 변화를 일으킨 리더십도 좋은 평가를 받았다. 릭트먼 교수는 트럼프의 경쟁자인 바이든 역시 카리스마가 부족하다는 점에서 트럼프가 반사 이익을 볼 수 있을 것이라 봤다. 실제 트럼프 캠프는 바이든을 두고 '슬리피Sleepy, 졸린 조'라고 비꼬며 바이든에게 무기력한 이미지를 심기 위해 노력하고 있다. 바이든은 77세로 역대 최고령 대선 후보인 데다 냉정하게 말해 토론과 연설에 능한 달변가는 아니다. 동년배지만 트럼프가 훨씬 정열적이고 보스 기질이 가득한 기운을 내뿜는 것은 맞다.

카멀라 해리스 부통령 후보 지명

2020년 8월 바이든은 미국 역사상 최초의 흑인 여성 부통령 후보인 카멀라 해리스Kamala Harris 상원의원(캘리포니아주)을 부통령 후보로 지명했다. 그리고 이는 바이든 입장에서 매우 탁월한 '전략적 선택'으로 평가된다. 바이든이 11월 대선에서 승리한다면 해리스에 기댄 바가 적지 않을 것이다. 해리스는 바이든이 가진 약점을 매우 입체적으로 보완할 수 있는 최적의 인물이기 때문이다.

해리스는 1964년 캘리포니아에서 자메이카 출신 이민자인 아버지와 인도 출신 이민자인 어머니 사이에서 태어났다. 아버지는 스탠퍼드대 경제학과 교수인 도널드 해리스, 어머니는 유방암 전문 과학자 시아말라 고팔란 해리스다. 그는 이민자 출신 중산층 가정에서 자랐다.

남미와 아시아계 피가 섞인 그를 냉정하게 말해 '흑인'으로 볼 수 있느냐는 의문이 제기되지만, 그는 스스로를 흑인으로 규정한다. 고교 시절까지는 백인 사회에서 섞여서 주로 생활했지만 워싱턴DC에 있는 대표적인 흑인 대학인 하워드대학교에 다니며 흑인으로서의 정체성을 확고하게 가지게 됐다. 대학에서 정치과학과 경제학을 전공하고, 헤이스팅스 로스쿨을 졸업한 뒤 샌프란시스코 지방검찰청에서 검사 생활을 시작했다.

그는 미국 사회의 여러 '유리 천장'을 깬 것으로도 유명하다. 그는 2011년부터 6년간 캘리포니아주 검찰총장을 지냈다. 흑인 여성으로는 처음이었다. 그는 2017년 1월 캘리포니아 연방 상원의원으로 당선됐는데, 흑인 여성으로는 두 번째였다. 지금 그는 미상원에서 유일한 흑인 여성 의원이다.

이력에서 알 수 있듯이 카멀라 해리스는 종종 '여자 오바마'로 불린다. 퇴임하는 날까지 높은 지지율을 유지했던 오바마 향수를 자극하며 대선 표심을 민주당으로 끌어올 수 있게 하는 중요한 역할을 할 수 있게 됐다.

또한 그는 '여성'이자 '흑인'을 대변하는 역할을 하면서 70대 백인 남성인 바이든과 충분한 시너지를 낼 수 있는 구조를 갖췄다. 백인 남성 커플로 이뤄진 '트럼프-펜스' 조합과 비교해 외연을 넓히기 훨씬 유리하다.

부통령 후보로 발표되기 직전 〈로이터〉 등의 여론조사에 따르면 공화당 유권자 중 13%만이 바이든에게 호의적인 견해를 보인 것과 달리 해리스를 놓고는 21%나 호의적인 견해를 밝힌 것으로 나타났다.

부통령 후보 발표 직후 조사를 보면 민주당원 87%와 공화당원 37%를 포함한 미국인 조사 집단 60%가 해리스의 부통령 후보 지명을 놓고 '미국의 주요 이정표'가 될 수 있다는 평가를 내놨다. 여성 유권자 53%가 바이든에 대해 호의적이라고 답했는데, 해리스를 놓고서는 무려 60%가 그렇다고 답했다.

35세 미만 미국 성인에게 한 질문에서는 응답자 60%가 바이든에게 호의적이었는데, 해리스를 호의적으로 보는 답변자는 이보다 높은 62%였다. 치열한 대선 레이스에서 해리스는 흑인, 여성, 청년 표는 물론 공화당의 '반란 표'까지도 가져올 수 있는 막강한 카드가 될 수 있다는 얘기다.

그는 '여성'이자 '흑인'이라는 점에서 트럼프 캠프의 노골적인 공격을 상당수 피해갈 수 있는 이점이 있다. 트럼프 캠프의 실책을 유도할 수 있는 카드로도 유용하다. 흑인 여성에 대한 성 차별적, 인종 차별적 공격이 나오는 순간 트럼프 캠프는 비난 여론에 시달리며 지지율을 깎아 먹을 수 있기 때문이다.

미국의 다수 미디어는 수려한 외모를 가진 해리스의 패션, 화장, 옷차림 등이 연일 화제에 오르며 바이든 캠프에 대한 주목도를 더 끌어올릴 것으로 내다보고 있다.

해리스의 강력한 전투력

또 하나 해리스의 결정적인 강점은 '싸움닭'으로 불릴 만큼 전투력이 강력하다는 것이다. 검사 출신의 달변가인 그는 송곳 같은 질문으로 상대방을 녹다운시키는 것으로 유명하다. 상원의원 시절 브렛 캐버노 연방 대법관과 윌리엄 바 법무장관 청문회에서

❯ 카멀라 해리스를 부통령 후보로 지명한 것은 절묘한 전략으로 꼽힌다.

날카로운 심문을 해 민주당 지지자들에게 강한 인상을 심었다. 일각에서 '독하다'는 얘기가 나올 정도로 가혹하게 후보들을 몰아붙였다.

카멀라 해리스는 2019년 민주당 대선 후보 경선에 뛰어들어 바이든과 경쟁하기도 했다. 이때도 '청문회 스타 기질'을 발휘해 바이든을 몰아붙여 화제가 됐다.

바이든은 과거 인종 차별주의 성향 공화당 상원의원들과 협력했던 이력이 있다. 해리스는 TV 토론에서 바이든을 겨냥해 "당신은 그들(공화당 의원)과 함께 버싱busing 반대에 협력했다. 당시 캘리포니아에 매일 버스를 타고 학교에 가던 소녀가 있었는데, 그게 바로 나다"라고 몰아붙이며 바이든을 쩔쩔매게 했다. 버싱은 어릴 때 피부색에 따른 경계심과 배척하는 마음이 자라지 않도록 도심의 흑인 학생들을 버스에 태워 백인 주거 지역 교외 학교로 통학시키는 정책을 말한다. 해리스에게 크게 한 방 먹은 바이든은 토론회 이후 지지율이 소폭 떨어지기도 했다.

이 같은 해리스의 '전투력'은 트럼프 캠프를 상대로 요긴한 공격 무기가 될 것으로 보인다. 고령에다 적을 잘 만들지 않는 바이든은 트럼프의 융단 폭격식 트윗 공격에 속수무책으로 당한 측면이 있다. 하지만 해리스의 입담을 탑재한 바이든 캠프는 전혀 다른 모습으로 변모한다. 바이든 캠프 입장에서는 현직 대통령인 트럼프의 공격을 부통령 후보인 해리스가 맞받아치는 구도로 만들면 선거 구도에도 이득이 되는 측면이 있다. 그만큼 트럼프의 지위를 끌어내리는 효과가 있기 때문이다.

실제 바이든은 11일 해리스 지명 소식을 알리며 "평범한 사람을 위한 겁 없는 싸움꾼fearless fighter인 해리스를 나의 러닝메이트로 선택했다"고 밝힌 바 있다. 해리스의 전투력을 그만큼 인정한다는 것이다.

주류 언론들도 이 같은 해리스의 능력에 대해 인정하는 분위기다. 미국 정치 전문 매체 〈폴리티코〉는 바이든 측근의 발언을 인용해 "바이든은 밝은 조명이 비추는 큰 무대에서 누군가를 생선처럼 내장까지 발라버릴 수 있는 사람을 원했다"고 썼다.

또한 해리스는 미국 민주당 대선 경선을 1년간 치르며 미디어의 집중 조명을 받았다. 그에 대한 웬만한 스토리는 언론에 낱낱이 보도됐다. 이는 다시 말해 검증 과정이 끝나 캠프를 나락으로 몰고 갈 만한 '리스크'가 없다는 뜻도 된다. 아울러 바이든은 경선 과정에서 그를 냉정하게 물고 뜯었던 해리스를 부통령 후보에 지명함으로써 대중을 상대로 '도량'을 보여줬다는 이미지를 쌓을 수도 있게 됐다. 한 명의 부통령 후보 지명이 이렇게 여러 효과를 내기란 쉽지 않다. 그만큼 해리스 지명이 '신의 한 수'였다는 얘기다.

해리스가 부통령 후보에 지명된 이후 바이든 캠프는 만 24시간 만에 2,600만 달러(308억 원)의 정치 후원금을 모금하는 신기록을 쓰기도 했다.

정치 매체 〈더 힐〉은 후보 지명 다음 날인 12일(현지시각) 윌밍턴 호텔에서 선거 자금 모금 행사에서 바이든이 "(해리스 지명 후) 24시간 동안 15만 명이 2,600만 달러를 기부했다"는 발표를 했다고 보도했다. 이는 종전 하루 평균 모금액(1,000만 달러)보다 3배가까이 늘어난 액수다. 대중을 상대로 한 '해리스 효과'가 파급력이 있다는 얘기다.

해리스와 바이든의 남다른 인연도 화제다. 해리스는 바이든의 첫째 아들인 보 바이든과 매우 친밀한 사이였다. 해리스가 캘리포니아주 법무장관일 때 보 바이든은 델라웨어주 법무장관이었다. 둘은 미국 대형 은행 관련 수사를 하면서 관계가 돈독해졌다. 매일 대화를 나누는 사이였다. 보 바이든은 2015년 암으로 사망했다. 바이든 입장에서는 죽은 아들의 친구를 부통령 후보로 지명한 셈이다.

만약 바이든이 미국 대통령이 된다면 해리스는 이르면 4년 뒤 강력한 미국 차기 대선 주자 반열에 오를 전망이다. 바이든이 미국 대선에서 당선된 후 첫 임기를 마치면 82세가 된다. 바이든은 본인을 '전환기'의 인물이라 말하며 '대통령이 되더라도 연임하지 않을 수 있다'는 취지의 발언을 한 바 있다. 그렇다면 부통령인 해리스가 바이든을 이어받아 또 한 번 대선 레이스에 뛰어들 공산이 크다.

셰이머스 히니의 빅 팬,
충만한 문학적 감수성의 리더

셰이머스 히니의 팬

바이든은 아일랜드의 시인 셰이머스 히니Seamus Heaney의 팬
이다. 1995년 노벨 문학상을 받은 그는 아일랜드를 대표하는 시
인이다. 아일랜드는 사연이 많은 나라다. 혹자는 아일랜드와 한
국이 닮았다고 한다. 어딘지 모르게 한이 서려 있는 정서, 외세
로부터 침략을 당한 아픈 역사, 나라에서 서로 총을 맞대고 싸
운 슬픈 과거까지.

일찍이 영국의 침략을 받은 아일랜드는 한때 지독한 기근에 시

달려 수많은 사람이 아사했던 슬픈 과거를 가지고 있다. 섬이 북아일랜드와 아일랜드로 갈려 불과 얼마 전까지만 하더라도 국지전을 벌이며 테러가 횡행해 전 세계의 화제를 불러일으키기도 했다. 지금도 영국과 가까운 북아일랜드는 영국의 영토이고 나머지는 아일랜드다.

셰이머스 히니는 아일랜드의 '국민 시인'이라 할 만하다. 2019년 12월 아일랜드가 낳은 전설적인 록밴드 'U2'가 한국을 찾았다. U2의 프런트맨 '보노'는 청와대 초청을 받아 문재인 대통령과 만났는데 이때 보노가 선물로 가져온 것이 친필 서명을 받은 히니의 시집이다. 보노는 "서재에서 꺼내온 것"이라고 소개했다. 일국의 대통령을 만날 때 선물로 가져올 수 있을 만큼 무게감이 실린 '친필 서명' 시집이라는 얘기다. 아일랜드 사람들이 히니를 얼마나 대단하게 바라보는지는 이 일화를 보면 곧바로 짐작할 수 있다.

바이든은 셰이머스 히니의 작품을 연설에 자주 언급한다. 오바마 정부에서 부통령으로 재직 시 한국을 방문한 그는 연세대학교 연설에서 히니를 언급했다. 2020년 5월 미국 민주당 대선 경선 '슈퍼 화요일' 밤에도 히니를 언급했다. 그는 오바마 정부 시절 부통령 자격으로 참가한 '제1회 카리브해 에너지 안보 이니셔티브CESI'에서도 히니를 인용했다. 그가 주로 인용하는 것은 「트

> 바이든이 좋아하고 즐겨 인용하는 아일랜드 시인 셰이머스 히니.

로이에서의 해결책The Cure at Troy」에 나오는 문구다. 「트로이에서의 해결책」은 희곡이다. 그는 히니의 희곡에 "역사는 무덤가에서 희망을 갖지 말라고 가르치네. 그러나 일생에 단 한 번, 간절히 기다리던 정의의 파도가 솟구칠 수 있다면, 역사와 희망은 함께 노래하리"란 구절이 담겨 있다며 "우리는 여기서 해결책을 찾아야 한다"고 말하기도 했다.

셰이머스 히니는 1939년 4월에 태어나 2013년 8월 타계한 아일랜드의 시인, 작가 겸 교수다. 1939년에 북아일랜드의 농가에서 아홉 형제 가운데 장남으로 태어났다. 시집 《어느 자연주의자의 죽음Death of a Naturalist》을 필두로 다양한 시집을 집필했다.

히니의 시는 주로 자연을 노래하지만, 자연을 단순히 칭송하기보다는 우리가 극복해야 할 무언가로 그리는 경향이 있다. 삶이 나에게 고통을 주지만, 우리는 그것을 극복함으로써 무언가를 얻을 수 있다는 내용의 메시지를 주로 담는다. 삶을 직시하고 삶이 주는 아픔을 담담히 고발하는 리얼리즘에 입각해 시를 쓴다.

'흙수저 집안'의 장남으로 태어나 어릴 때부터 농장일을 도왔던 시인의 어린 시절이 큰 영향을 미쳤을 것이다. 9남매를 키우는 히니의 부모는 방 3개짜리 '굴속 같은 초가집'에서 살았다고 알려져 있다. 어린 시절 교통사고로 4살짜리 동생을 잃는 아픔도 겪었다. 히니는 이 슬픔마저 객관화해 담담히 서술하는데, 그의 시를 찾아보면 "큰 상처도 없이 차의 범퍼가 동생을 깨끗하게 쳐버렸다"라고 서술한 대목이 나온다.

그는 북아일랜드 벨파스트 퀸즈대학에 진학해 요셉교육대학에서 교직과정을 이수하고 학교에서 영문학을 가르쳤다. 요셉대학 시 모임에 들어간 그는 농촌의 생활 경험을 리얼하게 묘사한 「어느 자연주의자의 죽음Death of a Naturalist」을 발표해 일약 주목받는 시인으로 도약한다. 그의 나이 27세였다. 이후 그는 자연과 삶이 주는 고통을 툭툭 써 내려가는 리얼리즘 시로 많은 사람의 공감을 얻게 된다.

바이든이 히니를 좋아하는 이유는 둘 사이에 공통점이 많기 때문으로 보인다. 바이든 집안 역시 아일랜드 계통이었다. 바이든도 히니처럼 가톨릭이다. 바이든과 히니 역시 장남이며, 넉넉하지 못한 어린 시절을 보낸 경험이 있다. 히니는 어린 시절 동생을 교통사고로 잃었고, 바이든은 젊은 시절 아내와 자식을 교통사고로 먼저 보냈다. 여러모로 자신의 감정을 이입할 수 있는 공감대가 형성되기 쉬운 삶의 서사다.

히니의 시는 자연을 극복해야 할 무엇으로 그리면서 끝내 좌절하거나 굴복하지 않는 무언가를 노래한다. 예를 들어 「땅 파기」라는 시를 보면 그런 경향이 잘 나타나 있다.

땅 파기

내 집게손가락과 엄지손가락 사이에는 짤막한 펜이
놓여 있다, 마치 (어깨에 장착한) 총 개머리판처럼 딱 맞게.

창 아래에는 삽이 자갈투성이 땅에 박혀들 때마다
선명한 삽날 긁히는 소리.
내 아버지가 땅을 파고 있는 것이다. 나는 내다본다

꽃밭의 이랑 사이에서 그의 팽팽한 엉덩이가
나지막하게 숙여졌다가, 20년을 거슬러 올라가
그가 리드미컬하게 땅을 파고 있던
감자 이랑 사이에서 구부정하게 일어날 때까지.

투박한 장화를 삽날의 대가리에 얹으면, 종아리 안쪽에서
삽자루는 단단히 지렛대 역할을 했다.
그가 긴 줄기를 뽑아내고, 반짝이는 삽날을 깊이 박아
날감자들을 툭툭 흩어주면 우리는 그것들을 집어 들고 손바닥
으로
서늘하고 단단한 느낌을 사랑스러워했다.

맹세코, 내 아버지는 삽자루를 능숙하게 다룰 수 있었다,
그의 아버지가 그랬던 것과 똑같이
내 할아버지는 토너스 보그의 어느 누구보다도
하루에 더 많은 토탄을 잘라낼 수 있었다.

한번은 내가 우유를 종이 마개로 막아 철렁이고 있는
병에 담아서 그에게 가져갔었다. 그는 허리를 쭉 펴서
한 모금 마시고는 다시 허리를 굽혀
깔끔하게 칼집을 내고 자르고, 어깨 위로 흙더미를
들어 올리거나, 좋은 탄을 찾아 깊이 더 깊이
땅을 파는 것이었다. 파는 것이었다.

부드러운 감자의 서늘한 냄새, 물에 젖은 토탄이
철벅이거나 철썩이는 소리, 단단한 나무뿌리를 쳐내며
잘라낸 짤막한 토탄덩이가 내 머릿속에 살아나는 것이다.

그러나 그런 사람들을 따라 할 삽이 내게는 없다.
내 집게손가락과 엄지손가락 사이에는
짤막한 펜이 놓여 있다.
그것으로 나는 땅파기를 하리라.

할아버지와 아버지가 대를 이어 거친 노동을 했던 삶의 고단함이 시에 고스란히 담겨 있다. 그리고 이는 아일랜드가 공유하는 보편의 정서라 할 것이다. 그리고 꼭 농촌이 아니더라도 현장에서 치열하게 삶과 맞서 싸워나가는 일반인의 삶이 시에 녹아있다 하겠다. 작중 화자는 선대에는 '삽'으로 땅을 팠지만, 시대가 변한 지금 자신은 '펜'으로 땅 파기를 할 것이라며 세대를 이어나가는 자연과의 투쟁 심리를 그려낸다.

강한 회복력의 상징

바이든은 넉넉하지 못한 집에서 태어나 아버지와의 추억을 늘 화제에 올리는 편이다. 바이든이 어린 시절 바이든의 아버지는 직장을 잃었다. 바이든의 아버지는 침대에서 "아들아, 오늘 나는 직장을 잃었다"고 고백했다. 그의 아버지는 이후 보일러 청소, 중고차 딜러 등 여러 직업을 전전하며 가장 역할을 했다.

바이든은 2008년 〈NYT〉와의 인터뷰에서 아버지가 자신에게 해준 가장 인상 깊었던 말을 다음과 같이 이야기했다. "우리 아버지는 항상 내게 말했다. '아들아, 한 남자의 척도measure는 얼마나 자주 쓰러지느냐가 아니라 얼마나 빨리 일어나느냐다'라고."

2008년 글로벌 금융위기 시절 버락 오바마의 러닝메이트로 뛴 바이든은 뉴햄프셔주 로체스터 유세 현장에서 "나는 이렇게 많은 미국인이 쓰러지는 것을 본 적이 없다. 우리 아버지가 말한 것처럼 쓰러지면 일어나야지!"라고 해 관중의 박수를 이끌었다.

버락 오바마 전 미국 대통령이 2020년 민주당 전당대회에서 "바이든이 어릴 적 그의 아버지는 직장을 잃었다. 그가 젊은 상원의원이었을 때는 아내와 어린 딸을 잃었다. 그리고 부통령이 됐을 때는 아들을 잃었다. 조는 상실의 고통을 안다. 그의 인생은 곧 회복의 증언이다. 그는 우리를 치유하고 나아가게 할 것"이라고 강조한 것도 같은 맥락이다. 바이든은 그의 끈질긴 '회복력'의 원천으로 히니의 시를 이용하는 것이다.

그가 연설에서 가장 많이 인용하는 히니의 희곡 「트로이에서의 해결책」에 나오는 구절이다.

The Cure at Troy(트로이에서의 해결책)

Human beings suffer(인간은 고통을 겪는다)

they torture one another(그들은 서로 고문하고)

they get hurt and get hard(다치고 어려움에 빠진다)

No poem or play or song(어떤 시, 연극, 노래도)

can fully right a wrong(잘못을 완전히 바로잡을 수는 없다)

inflicted or endured(겪고 있고 참고 있는)

The innocent in gaols(감옥에 갇힌 무고한 이들은)

beat on their bars together(함께 창살을 두드린다)

A hunger-striker's father(단식투쟁하던 이의 아버지는)

stands in the graveyard dumb(아무 말 없이 묘지에 서 있다)

The police widow in veils(베일을 쓴 경찰 미망인은)

faints at the funeral home(장례식장에서 기절한다)

History says, Don't hope(역사는 말한다. 희망을 가지지 말라고)

on this side of the grave(무덤의 쪽에서 말이다)

But then, once in a lifetime(하지만 그러고 나면, 일생에 단 한 번)

the longed for tidal wave(열망하던 정의의 해일이)

of justice can rise up(밀려올 수 있다)

and hope and history rhyme(희망과 역사의 라임이)

So hope for a great sea-change(그러니 바다에 거대한 변화가 일

기를 바라라)

on the far side of revenge(복수와는 거리를 두고)

Believe that a further shore(믿어라, 저 먼 해안이)

is reachable from here(여기서 닿을 수 있는 곳이라고)

Believe in miracles(기적을 믿어라)

and cures and healing wells(치유와 회복을 믿어라)

Call the miracle self-healing(그 기적을 자기 치유라 불러라)

The utter self-revealing(단호한 자기 표출)

double-take of feeling(이중으로 일어나는 감정)

If there's fire on the mountain(만일 산 위에 불이),

Or lightning and storm(또는 번개와 폭풍이 있다면)

And a GOD speaks from the sky(그리고 신이 하늘에서 말씀하

신다면)

That means someone is hearing(그것은 누군가 듣고 있다는 뜻

이다)

the outcry and the birth-cry(격렬한 외침과 탄생의 울음소리를)

of new life at its term(그 차례에 새 삶이)

바이든이 이 시를 자주 인용한 것은 깊은 영감을 받았음을 의
미한다. 역사는 늘 사람들이 서로 죽고 죽이고, 고문하고, 고통
을 주는 존재라 가르치지만 이에 굴복하지 않고 '자기 치유'를 믿

으라는 게 바이든의 주장이다. 넬슨 만델라가 27년간 감옥에 있으면서 희망을 버리지 않았고, 아일랜드가 지독한 가난과 내전을 겪으면서도 끝내 평화와 부를 쟁취했듯이 인간은 '새 삶'을 만들어낼 수 있는 특별한 존재라는 게 바이든의 요지다.

바이든이 당선된다면 바이든과의 정상회담 등에서 히니의 시를 인용해 연설문을 만든다면 큰 효과를 볼 수 있을 것이다. 단숨에 공감대를 형성하는 매개체가 되면서 중요한 얘기를 나누기 위한 효과적인 수단으로 작용할 수 있다.

암트랙을 사랑하는
바이든의 기고

앞서 바이든이 암트랙을 수십 년간 타면서 델라웨어 집과 워싱턴DC 국회의사당을 오갔다고 얘기한 바 있다. 바이든의 열차 사랑을 엿볼 수 있는 그의 기고 하나를 소개한다. 부통령으로 임기를 시작한 지 얼마 안 되는 2010년 초 암트랙의 차내 잡지인 〈어라이브 매거진Arrive Magazine〉 2010년 1~2월호에 실린 글이다. 암트랙과 바이든의 떼려야 뗄 수 없는 인연이 잘 서술되어 있고, 무엇보다 그의 가족적인 품성이 문장 하나하나에 잘 녹아 있어 '미국인이 바라보는 바이든의 매력'을 잘 설명해줄 수 있는 글이란 생각이 든다. 바이든이 직접 쓴 글이란 점에서도 가치가 있다. 제목은 「왜 미국은 항상 열차를 필요로 하나Why America Will Always Need Trains」다.

미국 국회의사당 신문 중 하나는 내가 정치인 커리어 내내 왕복으로 약 7,000회의 암트랙을 탔다고 추정했더군요. 하지만 2009년 1월 17일은 조금 달랐습니다. 내가 역으로 갔을 때 8,000명의 승객이 추위 속에서 떨고 있었어요. 그리고 내가 몇천 번이나 탄 메트로나이너는 7시 46분까지 워싱턴DC에 도착해야 하는 나를 제때 데려다놓지 못했습니다.

나는 취임식으로 향하는 기차 안에서 오바마 대통령과 이 얘기를 한 적이 있습니다. 그날은 그렉 위버(전당대회 당시 바이든 지지 연설을 한 사람) 씨가 혼잡한 군중 사이에서 저를 안내했어요. 그는 내가 암트랙을 탄 1972년부터 근무하던 사람입니다. 그렉은 이게 몇 년 전부터 계속된 문제라고 말해주었습니다. 암트랙은 워싱턴DC로 출근하는 델라웨어 사람들을 위해 길을 제공했고 매일 밤 내가 가족에게 돌아갈 수 있도록 해줬습니다. 암트랙은 나에게 또 다른 가족이나 마찬가지입니다. 암트랙은 내 인생의 이정표를 공유하게 만든 헌신적인 커뮤니티입니다. 암트랙을 통해 우리 사회와 경제에서 철도 여행이 가지는 의미를 깨달았고 이를 통해 철도를 존중하게 되었습니다. 나는 (부통령

▶ 바이든은 윌밍턴에서 워싱턴DC까지 왕복 350km 넘는 거리를 매일 암트랙으로 통근했다.

이 되어) 기차를 타지 않지만, 그것이 미국 상원의원으로서 워싱턴을 마지막으로 방문했을 때 내가 느낀 교훈이었습니다.

나는 미국 의원이 된 이후 177km의 열차 통근을 시작했습니다. 그건 교통사고로 엄마와 누이를 잃은 두 아들을 보살피며 상원의원을 할 수 있는 유일한 길이었으니까요. 그때부터 워싱턴으로 가는 길은 나의 일상이 되었습니다. 윌밍턴에서 볼티모어까지 신문을 읽고 전화를 했습니다. 볼티모어에서 출발할 때 그날의 공청회 준비를 시작하곤 했어요. 연설문을 수정하고 증인 목록을 확인하곤 했죠. 내가 워싱턴에 거의 도착했을 때 업무로 바로 뛰어들어도 지장이 없는 수준이었습니다.

집으로 가는 길은 가끔 전력 질주를 하는 것과 같았습니다. 어떤 해에는 내 생일이었는데, 딸아이가 내 생일 파티를 준비했어요. 딸은 제가 선물도 받고 케이크의 초도 불어서 끄기를 바랐죠.

당시 밥 돌Bob Dole 의원이 의장이었는데 그날 밤에 투표가 있었습니다. 그래서 나는 딸에게 가려면 5시 54분 열차를 타야 하므로 투표를 연기해달라고 부탁했고 결국 9시로 연기됐습니다. 나는 열차를 탔고 딸은 윌밍턴 플랫폼 가운데서 절 기다리고 있었어요. 딸과 아내가 '생일 축하' 노래를 불렀고 나는 초를 불어 껐습니다. 케이크를 한 조각 물었고, 선물 포장을 열었으며 아내에게 키스한 뒤 돌아가는 열차를 7시 23분에 탔죠. 그래서 간신히 9시에 투표를 마칠 수 있었습니다.

암트랙은 우리를 여기서 저기로 이동해주는 것 이상의 의미입니다. 암트랙은 지금까지 할 수 없었던 걸 하게 하는 잠재력이 있어요. 36년 동안 나는 암트랙에서 무수히 많은 생일 파티를 했고, 집에 돌아와 침대에서 책을 읽어주고 아들이 축구 경기 하는 걸 응원하러 가기도 했습니다. 쉽게 말해 암트랙은 저와 미국을 위해 셀 수 없는 많은 것을 선사했습니다. 열차 티켓에 찍혀 있는 가격 이상의 측정할 수 없는 가치를 받은 것입니다.

매일 밤 열차를 탈 때 난 항상 주변 집에서 나오는 불빛이 스쳐 지나가며 반짝이는 하나의 점이 되어 사라지는 것을 봅니다. 엄마와 아빠는 부엌 식탁에 있었을 것이고 아이들은 침대에서 자고 있을 것 같아요. 모든 미국인이 그런 것처럼 그들은 평범한 것처럼 심오한 질문을 하고 있었습니다.

"아빠가 사라졌는데 우리는 엄마와 이사를 해야 하나요. 어떻게 해야 난방 비용을 낼 수 있죠. 회사가 의료 비용을 삭감한다는데요. 감당하기 힘든 만큼 주택 담보 대출을 받았는데, 우리 애들이 대학에 가면 어쩌죠. 우리는 은퇴를 어떻게 할 수 있을까요."

나는 창밖을 보며 이들의 아픈 질문을 듣습니다. 그것들은 내가 매일 아침 일어나서 열차를 타게 하는 원동력이었습니다. 열차를 타고 내려가 그들이 찾는 질문에 대한 답을 찾아야 한다는 것을 깨닫게 합니다. 내가 창문 너머 불빛을 보는 동안 국민은 나에게 브리핑 파일 하나도 주지 않았어요. 그들은 내가 커리어 내내 해결해야 할 문제들의 색과 의미를 주었죠. 그것들은 내가 왜 7,000번이나 열차를 탔는지 또 한 번 생각하게 하는 원천이었습니다.

하지만 철도 운송에 대한 저의 지지는 감정적인 것을 넘어선 것입니다. 급속히 발전하는 유비쿼터스 시대에서 공항과 도로는 만성 정체에 시달리고 있어요. 또 변동성이 심한 연료 가격, 증가하는 환경 부담에 직면해 있죠. 그래서 철도 운송은 그 어느 때보다 미국에 중요한 것이 되었습니다. 암트랙에 대한 지원은 우리 모두를 친환경적인 21세기로 이동하게 하는 강력하고 필수불가결한 방법입니다.

(후략)

2장

바이든 이펙트:
미래는 어떻게 바뀌는가

바이든 당선되면
바이러스 팬데믹 때 국가 셧다운

예민한 바이든, 둔감한 트럼프

2020년 8월, 미국 대선 가도가 정점으로 향했을 때다. 민주당과 공화당은 각각 전당대회를 열고 바이든과 트럼프를 대선 후보로 확정했다. 이때는 또한 코로나19 여파로 전 세계가 시름하고 있을 때이기도 했다.

이 당시 코로나19에 대처하는 트럼프와 바이든의 대응은 한참달랐다. 둘 다 70을 훌쩍 넘은 고령이지만 바이든이 극도로 조심하는 태도를 보인 것과 달리 트럼프는 상대적으로 코로나에 둔

감한 태도를 보여 눈길을 끌었다. 이 같은 둘의 태도는 선거를 치르는 방식에도 많은 영향을 미쳤다.

또한 바이든이 당선된다면 국가적 팬데믹pandemic에 미국이 어떻게 대응할지도 예상할 수 있다. 결론부터 말하자면 트럼프 행정부와 달리 매우 폐쇄적인 관점으로 국가를 운영할 것이란 전망이다. 신종 플루, 사스SARS, 메르스MERS 등 전 세계를 관통하는 전염병 주기가 빨라지고 있다. 코로나19 사태가 종식된 후에도 언제든지 새로운 바이러스가 전 세계에 창궐할 수 있어 바이든 당선 이후 예상 대응 방식에 대해 예측하는 것도 의미가 있어 보인다.

코로나19를 바라보는 트럼프와 바이든의 상반된 태도는 2020년 8월 트위터의 설전으로 이어졌을 정도다. 선방은 트럼프가 날렸다. 8월 29일 트럼프는 트위터를 통해 "바이든이 여론조사에서 지지율이 떨어지니 (집) 지하실에서 나와 10일 내에 선거운동을 시작하는 데 동의했다. 이는 대통령으로선 너무 느린 반응 시간이다. 우리가 사랑하는 미국은 이보다 훨씬 더 빠르고 영리하고 강인한 대응을 필요로 한다. 오늘 그곳에서 나오라, 조!"라고 글을 올렸다.

그러자 바이든은 "바이든-해리스 행정부는 항상 과학자에게 귀를 기울일 것이다. 우리는 코로나19를 이기기보다는 골프에서 이기는 데 더 관심이 많은 대통령을 갖고 있다. 이 대통령이 한 유일한 일은 미국을 저버린 것"이라고 반격했다.

이 트윗이 나오기까지 배경을 설명하면 이렇다. 바이든은 코로나19가 대유행한 이후 외부 행사를 거의 피하고 자택에서 상당수 일정을 소화했다. 민주당 전당대회 역시 사상 초유의 '랜선 전당대회' 형태로 치러졌다. 반면 트럼프는 전당대회 당시 "코로나19 방역 지침을 무시했다"는 얘기가 나올 정도로 '오프라인' 대선 열기 확대에 주력했다. 참석자들이 마스크를 쓰지 않은 채로 악수를 하는 등 코로나19 방역 수칙은 거의 무시되다시피 했다. 마이크 펜스 부통령의 부통령 후보 수락 연설에는 부상한 퇴역 군인 등 100명의 청중이 참석했지만, 현지 취재 결과 마스크를 쓴 사람은 거의 없는 것으로 알려졌다. 멜라니아 여사가 찬조 연설을 할 당시에도 참석자들은 사전에 코로나19 검사를 받지 않았다. 간단한 설문지만 제출한 채 입장할 수 있었다. 트럼프 역시 전당대회에서 "위험도가 상대적으로 낮은 젊은 연령대는 다시 직장에 나가고, 학교 수업도 재개해서 위대한 미국이 다시 돌아갈 수 있도록 해야 한다"고 강조했다.

트럼프는 대선 유세 때도 종횡무진 전국을 누비는 일정을 선택했다. 민주당이 온라인으로 전당대회를 연 첫날 개최지인 위스콘신주로 날아가 맞불 대면 유세를 펼쳤을 정도다. 노스캐롤라이나주 샬럿과 메릴랜드주 맥헨리 요새, 백악관에서 오프라인 행사로 진행한 공화당 전당대회는 장엄한 음악에 기립 박수, 불꽃놀이가 이어진 화려한 쇼를 연출했다. 허리케인 로라 피해 지역인 루이지애나주와 텍사스주로도 날아갔다. 물론 이 과정에서 부작용도 있었다.

〈워싱턴포스트WP〉는 트럼프 경호 업무를 하는 과정에서 코로나19에 감염됐거나 확진자와 접촉해 업무에서 배제된 경호원이 수십 명에 달한다는 폭로 기사를 썼다. 이 소식이 알려질 경우 트럼프의 진노를 일으킬 게 확실해 내부에서 쉬쉬하며 사건을 덮고 있다는 것이었다.

하지만 민주당 내부에서는 코로나19 방역 지침을 어기는 트럼프를 겉으로는 비난하면서도 속으로는 칩거로 일관하고 있는 바이든에 대한 비난 목소리가 일기도 했다. 방역 지침을 무시하는 트럼프 대통령과 차별화를 꾀하기 위한 전략일 수 있지만, 자칫 스킨십이 부족한 것으로 여겨져 박빙의 선거에 불리할 수 있다는 우려 섞인 목소리나 나온 것이다.

정치 전문 매체 〈더 힐〉은 익명의 민주당 고위 관계자를 인용해 "(전임 대통령인) 버락 오바마도 지지 연설을 위해 비행기를 탔는데 바이든은 왜 안 타냐고 사람들이 생각할 것이다. (사회적 거리를 지키라는) 전문가들 말을 믿고 공화당과 차별화하는 것도 좋지만 아무도 집에만 틀어박혀 있지는 않는다"고 전했다. 전당대회 당시 오바마는 미국 민주주의의 고향인 필라델피아 독립혁명 박물관을 연설 장소로 택해 비행기를 타고 이곳까지 날아간 바 있다.

오바마 정권에서 고위 관료를 지낸 크리스티 세처 민주당 전략 책임자는 "지역 언론의 관심을 끌어내기 위해서라도 현장을 가야 한다"고 말하기도 했다. 현장을 누비는 트럼프가 유세 현장에서 '조는 어디 있나'라는 옥외 광고판을 내걸며 집에만 틀어박혀 있는 바이든을 '소심한 노인' 이미지로 굳히고 있다는 불만을 표시한 것이다. 이런 우려를 받아들여 바이든은 일부 대면 유세를 재개하겠다는 입장을 8월에 밝혔는데, 이를 본 트럼프가 '비꼬는 트윗'으로 응수하며 바이든 자극에 나선 모양새였다.

하지만 바이든은 아랑곳하지 않는 분위기다. 여론에 밀려 대면 유세로 선거 전략을 일부 전환했지만, 바이든의 밑바탕에는 '코로나19에는 최대한 보수적으로 대응한다'는 심리가 짙게 깔려 있다. 바이든 후보는 선거 기간 중 한 방송 인터뷰에서 취임한 이후 코로나19가 또 대유행하면 셧다운을 할 것이냐는 질문에 "코로나19를 통제하기 전까지는 국가가 제대로 돌아가기 힘들기 때문에 목숨을 구하기 위해 필요한 무엇이든 할 준비가 돼 있다"고 답했다. 바이든은 민주당 전당대회 후보 수락 연설에서도 "현 대통령은 우리와 미국을 보호하는 가장 기본적인 임무에 실패했다. 대통령은 아직도 계획이 없다. 대통령이 되면 취임 첫날에 코로나 대응을 위한 국가 전략을 실행하겠다"고 얘기했다.

보수적인 감염병 대응론

바이든의 명분은 '과학'이다. 트럼프는 독선에 빠져 '과학자의 말을 믿지 않는다'는 게 바이든의 공격 포인트다. 실제 코로나19가 기승을 부리던 2020년 8월 말 〈WP〉는 스콧 아틀라스 미국 백악관 코로나19 태스크포스TF 위원이 "스웨덴식 집단 면역 모델 도입을 주장한다"고 보도한 바 있다. 집단 면역은 인구의 약 70%가 항체를 지녀 집단 전체가 면역을 가지면 감염자가 생겨도 바이러스 확산이 잘되지 않는다는 이론이다. 하지만 이를 위해서는 반대로 말해 그만큼 많은 사람이 항체를 가질 만큼 코로나19에 걸려야 한다는 것을 뜻한다. 아틀라스는 스탠퍼드대학교 후버연구소 신경방사선학 박사로 2020년 8월 초 백악관 코로나 TF에 합류했다.

〈WP〉의 지적은 아틀라스가 감염병과 관련해서는 별 경력이 없다는 것이었다. 〈WP〉 보도가 나가자 아틀라스 박사는 "결코 집단 면역을 지지한 적이 없다"며 기사는 오보라는 입장을 내놨지만, 한 달 전 아틀라스가 미국 폭스뉴스와의 인터뷰에서 "젊고 건강하면 감염돼도 문제가 없다"고 인터뷰한 이력들이 속속 드러나며 트럼프 정부의 무게추가 '집단 면역' 방향으로 기울었음을 시사했다. CNN 등 다른 매체 역시 "아틀라스 박사가 광범위한 코로나 검사에 반대하며 경제를 살릴 것을 주장한다"고 보도했다. 트럼프 대통령 역시 마스크를 쓴 모습을 별로 노출하지 않으며 '건강한' 이미지 쌓기에 총력을 기울이는 상황이다.

그래서 바이든은 "나는 과학자들의 이야기를 들을 것이다. (과학자들이 그렇게 하라고 하면) 셧다운을 할 것이다. 나라가 돌아가고 경제를 성장시키려면 그리고 사람들이 취업하려면 바이러스 문제부터 해결해야 한다"고 연일 강조했다. 하지만 극도로 소극적인 행보를 마뜩잖게 여기는 사람들이 많은 것도 사실이다.

급기야 오랜 칩거를 끝내고 나온 현장 연설에서 청중 없이 '나홀로 연설'을 연출해 논란이 일기도 했다. 청중도 없고 기자의 질문도 막은 채 마스크만 잠깐 벗고 얘기할 거라면 집에서 '랜선 연설'을 하는 것과 무슨 차이가 있겠느냐는 비판이다.

바이든은 9월 초 경합 주인 펜실베이니아를 방문해 연일 격화되는 시위를 겨냥해 "트럼프 대통령은 폭력을 중단시킬 수 없다. 지난 수년간 그가 폭력을 조장해왔기 때문이다. 트럼프가 재선되면 미국에 폭력이 줄어들 거라고 믿는 사람이 있나" 하고 도발적인 질문을 던졌지만 '나 홀로 연설' 영상에 힘이 실리지 않은 것이 사실이다.

또한 바이든이 부통령 시절 돼지 인플루엔자SI가 대유행할 무렵 비슷한 속내를 이미 드러낸 바 있다. 2009년 4월 한 방송국의 인터뷰에 출연해 "SI가 확산되는 지금 시점에서 가족들에게 비행기나 지하철을 타지 말라고 당부할 것이다. 나 또한 제한된 장소는 가지 않을 것이다"라고 말한 것이다.

2009년 4월 멕시코에서 발병한 것으로 알려진 SI는 지금 돌아보면 코로나19의 파괴력에 비할 바 못 되지만 당시로는 상당한 충격을 준 전염병이었다.

A형 인플루엔자 바이러스의 하나인 돼지 인플루엔자 바이러스에 의해 발병하는 돼지의 급성 호흡기 전염병이었다. 일종의 급성 독감이었다. 이전까지만 하더라도 SI는 사람에 거의 해를 끼치지 않고, 또 사람 간 전염이 안 된다고 믿어왔지만 2009년 대유행을 초래한 SI는 달랐다. 그해 4월 25일 멕시코 정부가 총 81명이 돼지 인플루엔자로 사망했다고 밝히자 전 세계가 깜짝 놀라며 검역 장벽을 치고 대책 마련에 여념이 없었다.

이런 시기에 진행자로부터 "만약 가족들이 다음 주에 항공기로 멕시코 여행을 가야 한다면 뭐라고 조언하겠느냐"는 질문을 받자 바이든은 사전 원고 없이 즉석에서 자신의 속내를 드러낸 것이다.

발언이 나가자마자 당시 항공사들은 거센 반발 입장이었다. "비행기를 타지 말라는 부통령의 발언이 사람들에게 공포감을 더욱 확산시키는 것이다"라고 항변한 것이다. 사태가 일파만파 커지자 당시 부통령 대변인을 맡았던 엘리자베스 알렉산더는 성명을 내놓고 "(바이든) 부통령의 발언은 가족들이 멕시코에 여행을 간다는 전제로 한 말이며, 그의 발언은 정부가 미국민들에게 불필요한 멕시코 여행을 자제하라고 권고했던 내용과 같은 차원이다"고 해명했다.

바이든은 "만일 비행기 안에서 감염자가 재채기를 한다면 (바이러스가) 비행기 전체로 퍼지게 될 것"이라며 "지금 시점에서 나는 지하철이나 다른 대중교통수단을 이용하지는 않을 것"이라고 말하기도 했다.

요약하자면 바이든은 오래전부터 글로벌 대유행을 초래하는 신종 전염병에 대해 극도로 보수적인 입장을 취했다는 얘기다. 바이든은 대통령이 된 직후 트럼프가 탈퇴한 세계보건기구WHO 재가입을 시사하며 보건 분야에서도 국제 공조를 우선시하는 입장을 보이고 있다.

따라서 바이든이 집권한 후 신종 전염병 팬데믹 상황이 온다면 바이든은 긴급한 국제 공조로 빠르게 나라와 나라 간 접점을 크게 줄일 확률이 높다. 국가 내부적으로도 '비대면'을 강조할 공산이 매우 크다 하겠다.

2020년을 강타한 '언택트 산업'의 활약은 바이든 집권 이후 '일장춘몽'으로 끝나지 않을 확률이 높다고 하겠다. 글로벌 전염병에 대한 우려는 세계 곳곳에 항상 도사리고 있기 때문이다.

바이든 집권해도
여전히 중국 때린다

바이든에게 친중 이미지를 씌우려는 트럼프

도널드 트럼프 미국 대통령은 2020년 8월 10일(현지시각) 백악관 언론 브리핑에서 "조 바이든 전 부통령이 11월 대선에서 승리하면 중국과 북한이 미국을 자기 것처럼 다룰 것"이라 말했다. 트럼프 대통령은 브리핑에서 중국의 세계무역기구WTO 개발도상국 지위 유지 등 중국의 무역 관행을 비판하던 중 화제를 돌렸다.

그는 "세계에서 그들의 가장 큰 꿈은 바이든이 이기는 것이다. 그들이 우리나라를 소유할 것이기 때문"이라고 말했다. 그는 특유의 쉬운 화법으로 "(바이든이 이기면) 중국이 우리나라를 소유할 것이다. 북한이 우리나라를 소유할 것이다. 그들이 우리나라를 소유할 것이다. 그들은 모두 선거를 보기 위해 기다리고 있다"고 강조했다. 또 트럼프 대통령은 중국을 콕 집어 "솔직히 말하면 우리가 중국과 합의하길 원하는지 모르겠다. 중국은 우리가 매우 심하게 패배하길 원한다"고 말하기도 했다.

비슷한 시기 미국 국가방첩안보센터NCSC는 중국은 트럼프 대통령이 재선에 실패하기를 원하고, 러시아는 민주당 대선 후보인 조 바이든 전 부통령을 깎아내리려 하고 있다는 성명을 냈다. 중국은 바이든이 이기기를 바라고 있다는 얘기다.

윌리엄 에바나나 NCSC 소장은 '미국 국민을 위한 선거 위협 업데이트'라는 제목의 성명을 통해 "외국에서 많은 자가 선거에서 누가 이길지에 대해 선호를 갖고 있다. 우리는 주로 중국, 러시아, 이란의 지속적이고 잠재적인 활동에 대해 우려하고 있다"고 말했다.

그가 이날 강조한 것은 특히 중국이었다. 에바나나 소장은 "우리는 중국이 예측 불가능하다고 보는 트럼프 대통령이 재선에 성공하지 않기를 선호한다고 평가한다"고 강조했다. 중국은 11월을 앞두고 미국의 정책 환경에 영향을 미치고, 중국의 이익에 반하는 정치인들을 압박하면서 트럼프를 떨어뜨리기 위한 영향을 주려는 노력을 확대해왔다는 것이다. 중국은 미국의 코로나19 대응과 휴스턴 중국 총영사관 폐쇄 등에 대해 공세적 태도를 키워왔다고 지적하며 "중국은 홍콩, '틱톡', 남중국해, 5세대5G 통신망 문제 등을 놓고 미 행정부의 성명과 행동을 거세게 비판했다. 중국은 이 모든 (비방과 관련한) 노력들이 대선에 영향을 미칠 수 있다고 여긴다"고 주장했다.

이 같은 분석이 나오자 로버트 오브라이언 미국 백악관 국가안보보좌관은 CBS 방송에 출연해 중국에 대해 "(도널드 트럼프) 대통령이 (대선에서) 지는 것을 보고 싶어 한다"고 목소리를 높이며 "그 나라 지도자가 바이든을 선호하든 트럼프를 선호하든 중요하지 않다. 우리는 다음 대통령이 누가 될지를 외국이 결정하도록 놔두지 않을 것이다"고 강조했다.

특히 오브라이언 보좌관은 코로나19 확진 판정을 받고 자가격리를 하다 이날 처음 공개석상에 등장했다. 그는 코로나19와 관련해 "이것은 끔찍한 바이러스이고 우리나라에 큰 피해를 줬다. 우리는 이것이 중국에서 왔고, 그것과 싸워왔다는 것을 명심해야 한다"고 강조하기도 했다.

트럼프 대통령은 바이든에게 '친중親中' 이미지를 부여하기 위해 안달이다. 선거 과정에서 바이든이 괴상한 마스크를 쓰고 중국 국기 앞에 서 있는 합성 사진을 페이스북 광고에 내보낸 게 대표적인 사례다. 사진 속 트럼프 대통령은 바이든 옆에 서서 호기로운 웃음을 보이고 있는데, 사진 아래 자막이 압권이다. '트럼프 대 슬리피 조'. 짐작하겠지만 조는 조 바이든의 이름이다. 트럼프와 바이든의 대결이 미국과 중국의 대결이라는 점을 부각하기 위해 만든 광고다.

'조진핑'이라는 말을 만든 것도 트럼프 캠프였다. 전술한 대로 바이든의 아들 헌터가 국영 중국은행을 통해 15억 달러(1조 8,000억 원)를 투자받아 중국 벤처 여러 곳에 투자한 것을 두고 빈정대는 것이다. 한마디로 중국과 바이든은 특수 관계라는 게 트럼프의 주장이다.

또한 트럼프 휘하 미국 정부는 중국 정부와 물러설 수 없는 무역 전쟁을 벌이고 있다. 차세대 패권을 놓고 한판 벌이는 치열한 싸움이다. 미국은 지난 수십 년의 역사를 두고 볼 때 다음 패권국을 노려보겠다고 움직이는 나라는 사정없이 응징하는 태도를 취했다. 1985년 플라자 합의로 일시에 일본을 무너뜨린 것은 대표적인 사례일 것이다. 만약 바이든이 대통령이 된 후에 치열했던 미·중 무역 분쟁이 원만한 합의 단계에 들어간다면 중국 입장에서는 행복한 스토리가 될 수도 있다. 게다가 트럼프 행정부는 WHO가 중국 편만 든다며 지원을 다 끊어버릴 정도로 반중反中 노선을 펼치고 있다.

바이든 집권해도 대중 견제는 더욱 심해질 전망

그렇다면 트럼프 측의 주장대로 중국은 바이든의 당선을 진정 바라는 것일까. 미국이란 나라는 바이든의 당선과 함께 치열했던 전투를 멈추고 중국과 우호적인 관계로 돌아가는 것일까.

첫 번째 질문을 놓고는 많은 전문가가 그렇지 않다는 반대 의견을 내놓는다. 트럼프를 대신해 바이든이 대통령이 되면 미국은 좀 더 예측 가능한 형태의 외교를 펼치는 것은 맞다. 하지만 그것이 꼭 중국의 이익에 부합하지 않는다는 게 기사의 요지다. 중국 공산당의 고위 간부들이 진정 바이든의 당선을 원하는지 확신할 수 없고, 오히려 진실은 그 반대에 가깝다는 분석이다.

중국 측 WTO 가입 협상 수석 대표를 역임한 룽융투龍永圖 전 대외무역부 부부장은 "트럼프의 여과 없는 트윗이 중국의 협상에 도움이 된다"면서 "우리는 트럼프가 재선되기를 희망한다"고 말했다. 트럼프가 그때그때 떠오르는 희열과 분노를 거의 매일 트위터로 전하고 있어 오히려 담판 상태로는 더 좋다는 것이다. 트럼프를 움직이는 것이 신념이나 철학이 아니라 비즈니스맨 마인드의 '돈 냄새'기 때문에 패만 맞으면 협상이 더 쉽다는 것이다. 게다가 중국은 과거부터 상인의 마인드로 중무장한 나라다. 중국계 미국인인 민신 페이Minxin Pei 클레어몬트 메케나대학 교수 역시 "트럼프는 중국을 이데올로기적 적대자로 여기는 것이 아니다. 그는 가격만 맞다면 설득이 될 수 있는 사람이다"라고 분석한다.

트럼프는 과거 미국 대통령이 갖추어야 할 당연한 덕목이었던 '세계의 경찰로서의 미국' 역할을 내려놓은 사람이다. 그에게 있어 미국은 세계 여러 나라와 경쟁하는 개별 국가일 뿐 미국인이 낸 세금을 뿌리며 글로벌 질서를 바로잡아야 하는 시혜적인 존재가 아니다. 따라서 중국이 민감해하는 문제인 인권, 민주주의, 남중국해 등 이슈에 대해 트럼프는 별 의견이 없다. 이런 이슈는 트럼프에게 좀 더 나은 미국의 이익을 위해 거래될 수 있는 카드에 불과할 뿐 미국이 팔을 걷어붙이며 해결해야 할 절대적인 과제가 아니다. 미국 외교협회의 중국 전문가인 엘리자베스 이코노미가 "중국의 아킬레스건 중 하나인 대만, 홍콩, 인도·태평양의 자유와 개방 등에 대해 트럼프는 잘 개입하려 하지 않는다"며 "트럼프는 이런 문제를 중국과의 협상에서 경제 이익과 교환할 것"이라고 말하는 것도 같은 맥락이다.

트럼프는 2020년 여름 여론에 떠밀려 '2020년 위구르 인권 정책 법'에 서명했지만, 볼턴 회고록에 따르면 과거 시진핑 국가주석과의 만찬을 통해 "위구르 강제 수용소를 계속 설립하라. 그것은 정확히 옳은 일"이라고 말했다는 폭로도 나온 상황이다.

미국 대통령은 2004년부터 2017년까지 WTO에 중국의 불공정 무역 관행에 대해 21건이나 제소를 걸었다. 하지만 트럼프는 WTO 같은 국제기구의 역할을 매우 무시한다. 고작 2건을 제소하는 데 그쳤다. 중국 입장에서 트럼프는 싸우는 전선을 좁히는 편안한 상대라는 것이다. 그리고 트럼프 정부는 태평양 일대에서 중국을 압박할 수 있는 수단인 환태평양경제동반자협정TPP에서도 탈퇴했다.

반면 바이든이 대통령이 된다면 미국 워싱턴은 동맹과 긴밀한 협의를 하고 국제 규범과 제도를 따르는 과거의 미국 외교 정책으로 돌아간다. '세계의 경찰' 역할을 트럼프 정부보다 훨씬 많이 수행할 것이며 위구르 인권, 남중국해 분쟁 등에서도 패권 국가로서의 목소리를 내려 할 것이다. 그리고 트럼프 체제였다면 돈으로 해결할 수 있었겠지만, 원리 원칙을 지키는 바이든의 민주당 행정부에서는 그렇게 간단한 문제가 아닐 공산이 크다. 바이든은 "우리가 동료 민주주의 국가들과 함께 모일 때 우리의 힘은 2배 이상"이라고 말한다.

지금 미국은 여야를 막론하고 '반중反中' 정서로 똘똘 뭉친 상황이다. 민주당에서는 트럼프의 행동 하나하나를 놓고 비판 수위를 높이지만 그가 중국과 싸울 때만큼은 입장이 바뀐다. 트럼프에 적극적인 지지를 표명하며 힘을 실어준다. 미국 정가에서 유행하고 있는 단 하나의 아이템을 찾으라면 그것은 '반중'이다.

2020년 7월 미국 상원은 중국의 홍콩 국가보안법(홍콩 보안법) 시행에 관여한 중국 관리들과 거래하는 은행들을 제재하는 내용의 법안을 통과시켰는데, 이 법안의 발의자는 공화당의 팻 투미 의원과 민주당의 크리스 반 홀렌 의원이었다. 민주당 소속 낸시 펠로시 미국 하원의장은 "홍콩 보안법은 홍콩 시민들의 자유를 말살하는 잔혹한 탄압이다"고 거들었다.

2020년 5월 여론조사 기관 퓨리서치센터가 공개한 자료에 따르면 미국 성인 1만 957명 중 66%가 중국에 대해 비호감을 가지고 있다. 이 비율은 퓨리서치센터가 2005년 중국에 대한 호감도 조사를 시작한 이후 가장 부정적인 결과다. 설문에 응한 미국인의 71%는 국제적인 사안과 관련해 시진핑 국가주석을 신뢰하지 않는다고 답했다. 이 역시 조사를 시작한 이후 가장 부정적인 결과다. 특히 반중 정서는 정치적 견해와 무관하게 일정한 것으로 나타났다. 중국에 대해 부정적인 시각을 가지고 있다는 응답은 공화당 지지자 중에선 72%였고, 민주당 지지자 중에선 62%였다. 코로나19 사태와 관련해 중국 정부가 공개한 정보를 신뢰하지 못하겠다는 응답에 대해 공화당 지지자 중에선 92%나 '그렇다'고 답했다. 민주당 지지자 78% 역시 같은 답이었다.

최근 공개한 '2020 민주당 강령'을 보면 민주당은 집권 후 경제 문제는 물론이고 중국이 민감해하는 인권, 환경 문제 등에서도 '다국적 협력'을 통해 강력하게 중국을 압박하겠다는 뜻을 밝히고 있다. 위구르 인권 문제나 중국 온실가스 배출 문제 등을 놓고 유야무야 넘어가는 트럼프와 달리 환경과 인권을 중요시하는 EU 등과 공조해 중국을 강하게 압박할 공산이 매우 높다.

지금까지 중국 입장에서 '독고다이' 전략을 펼치는 트럼프는 '협상의 여러 상대 중 하나'로 숨을 공간이 있었다. 주변국 거의 모두와 마찰을 일으킨 트럼프는 전투의 전선을 넓혀왔다. 중국 하나만 신경 쓸 여유가 없다.

하지만 국가 간 협력을 강조하는 바이든 체제에서 중국은 '유일무이'한 '잠재적 위협'으로 간주될 수 있다. 한마디로 주변국과의 시너지를 통해 중국을 트럼프보다 훨씬 더 매섭게 몰아칠 수 있다는 얘기다. 바이든은 시진핑 주석을 '폭력배thug'로 부르고, 홍콩 국가보안법 제정에 맞선 홍콩 시위대를 "매우 용감하다"고 말하는 등 강경 발언을 이어가고 있다.

바이든 선거캠프가 2020년 8월 중국의 이슬람 소수 민족 위구르 인권 탄압을 '제노사이드genocide, 인종 청소'로 규정한 것 역시 같은 맥락이다. 인터넷 매체 〈악시오스〉는 8월 25일(현지시각) 바이든 캠프가 이날 성명을 내고 위구르를 비롯한 중국 북서부 신장 지역 소수 민족에 대한 중국 정부의 탄압이 제노사이드라 선

언하고 바이든이 "이를 가장 강경한 어조로 반대한다"고 밝혔다
고 보도했다.

제노사이드는 나치의 유대인 말살과 같은 수준의 국제법상 가
장 중한 범죄다. 서방 언론과 국제기구들은 중국 정부가 2017년
부터 신장 위구르 자치구에 거주하는 소수 민족을 잡아들여 최
대 100만 명을 강제수용소에 구금하고 있다고 비판한다. 이를
둘러싼 각종 보도가 속속 나오고 있지만, 중국 정부는 한결같이
이를 부인한다. 바이든 캠프가 중국이 가장 민감해하고 언급을
꺼리는 위구르 인권 침해를 놓고 발언한 것은 선거 과정에서 대
중 관계 '선명성'을 드러내기 위한 것이란 분석이다. 아울러 바이
든 집권 이후에도 미국과 중국의 관계가 그리 우호적이지는 않을
것이란 의미도 된다.

왜 바이든은
그린 에너지를 강조하나

그린 에너지를 통한 일자리 창출과 산업 발전 계획

트럼프의 공약이 '셰일 가스' 산업 촉진에 따른 에너지 산업의 부활이었다면 바이든의 공약은 기후 변화 대응에 따른 그린 에너지 산업 부흥이다. 바이든은 대선 과정에서 바이든 정부가 들어설 경우 기후 변화 산업에 4년간 2조 달러(약 2,400조 원)를 쏟아붓겠다고 공약했다. 트럼프 대통령이 "기후 변화는 날조된 것"이라며 파리기후협약을 탈퇴한 것과는 정반대의 움직임이다. 왜 바이든은 트럼프와 정반대 위치에서 미국을 살린다고 공약했을

까. 바이든이 이렇게 말하는 이유는 무엇이고 바이든은 어떻게 트럼프와 차별화를 시도하는 것일까.

바이든의 그린 에너지 관련 공약을 뜯어보면 다음과 같다. 우선 교통, 전기, 건축 등의 분야에서 청정 에너지 사용을 늘리고 환경 오염으로 피해를 본 유색 인종이 혜택을 누리도록 하겠다는 골자다. 이를 위해 대통령 임기 직후에 파리기후변화협약에 재가입하고 2050년까지 탄소 배출량을 '순 제로(0)'에 도달하도록 추진하겠다는 것이 골자다.

또 2035년까지 발전소에서 나오는 탄소 배출을 중단하는 것을 목표로 정책을 펼치겠다고 공약했다. '그린 빌딩'을 적극 도입해 400만 개 이상의 미국 빌딩에서 나오는 에너지 소비를 대폭 줄이겠다고 약속했다. 예를 들면 지열 에너지 등을 이용해 물을 덥히고 창문에 태양광 발전 패널을 달아 전기를 생산하고 태양열을 모아 난방을 하는 식이다. 바이든은 단순히 '지구를 살리겠다'는 명분 차원에서 이를 추진하는 것이 아니며 그린 에너지 산업 부흥을 통해 새롭게 100만 개 이상의 일자리가 만들어질 수 있다는 입장이다. "기후 변화를 떠올릴 때 생각나는 단어가 '일자리'다"라고 말했을 정도다.

바이든과 민주당이 함께 만든 공약을 보면 매우 구체적으로 추진해야 할 정책을 열거해놓았다. 완성차 업체가 배출 가스 제로인 자동차·부품 설비를 위한 공장을 미국에 설립 또는 이전할 경우 인센티브를 제공한다. 정부 조달을 통해 기존에 굴러가던 차량 중 300만 대를 친환경차로 업그레이드한다. 전기자동차 산업 발전을 위해 배터리 기술 연구를 가속화하고 2030년까지 모든 신형 미국산 버스가 배출 가스 제로를 달성하는 것을 목표로 한다. 이를 위해 50만 대의 모든 스쿨 버스를 친환경 버스로 전환하겠다는 공격적인 단기 미션도 내걸었다.

그린 에너지 산업 발전을 위해서는 에너지 저장 장치 개발이 핵심이다. 태양광, 풍력 등으로 생산된 전기는 출력이 들쑥날쑥하고 필요한 때 전기를 한꺼번에 많이 생산할 수 없기 때문이다. 따라서 바이든은 집권 시 에너지 저장 등의 기술을 적극 발전시키겠다는 공약도 내걸었다. 미국에서 개발된 혁신 기술을 신속하게 시장에 내놓을 수 있도록 지원하겠다는 내용도 담았다. 이와 관련 태양광 패널 5억 개, 풍력발전기 6,000만 개를 새로 설치하겠다는 계획도 밝혔다.

트럼프의 셰일 오일 중심 계획 실패

바이든과 달리 트럼프의 전략은 '셰일 가스'를 기반으로 한 미국의 에너지 패권국이었다. 이론은 나쁘지 않았다. 국제에너지기구IEA는 2019년 내놓은 「향후 5년간 석유 시장 전망 보고서」를 통해 미국의 원유 및 석유 제품 수출량이 2배 가까이 증가해 하루 900만 배럴에 육박할 것이라고 전망한 바 있다.

보고서에 따르면 미국은 2021년 석유 수출량이 수입량보다 많은 순수출국이 된다. 2023년 하루 수출량은 러시아보다 많은 890만 배럴에 이른다. 조만간 사우디아라비아를 제치고 세계 석유 수출국 1위 자리에 오른다. 미국은 2018년 하루 평균 1,200만 배럴의 원유를 생산해 이미 세계 최대 산유국이 됐다. 2024년이 되면 미국의 산유량은 1,370만 배럴에 달할 것이란 전망이 나왔다. 이 보고서는 2019년 기준 향후 5년간 미국이 글로벌 석유 생산 증가량의 무려 70%를 담당할 거라 내다봤다. 미국은 가뜩이나 첨단 산업으로 무장한 제조업 강국에 드넓은 농업 지대를 지닌 농업 강국인데 여기에 석유 최강국 지위까지 오르게 되는 것이다. 트럼프는 여기서 '미국을 더욱 위대하게' 만들 단초를 봤다.

미국 입장에서는 그동안 석유 자원의 안정적 수급을 위해 중동 지역을 어떻게 관리하느냐를 최우선 안보의 하나로 봤다. 그래서 중동 지역 분쟁에 개입하며 어마어마한 돈을 쏟아부었다. 지구촌 다른 지역을 제쳐놓고 중동 지역만 관리해서는 '영'이 서지 않기 때문에 지구 곳곳 분쟁에 개입해 '경찰 국가' 노릇을 했다. 아프가니스탄, 이라크는 물론 소말리아까지 전투병을 보내 피를 흘렸다. 여기에 나가는 예산 역시 상당한 수준이었다.

일찍이 원유를 달러로 결제하게 만든 '페트로 달러' 시스템은 이 모든 걸 가능하게 했다. 지구 전역에서 원유를 사려면 달러가 있어야 했고 이는 달러에 대한 가공 수요를 만들어 미국이 세뇨리지 효과를 누리게 했다. 종이 쪼가리로 찍은 달러만 있으면 지구촌 어디에서 생산된 그 무엇이라도 살 수 있게 하는 마법의 능력이다. 하지만 지구 전역에 달러를 뿌리기 위해 미국은 매년 경상수지 적자를 감수해야 했고 해외에서 쏟아진 값싼 제조 물품이 들어오면서 미국의 저부가가치 제조업은 상당한 타격을 입었다. 트럼프는 여기에 분노한 저학력자 백인들의 심리를 읽었고 미국에서 나오는 값싼 셰일 오일로 판세를 뒤바꾸겠다는 생각을 한 것이다. 세계 최대 산유국이 된 미국은 전처럼 중동을 관리할 필요가 없고, 더 나아가 세계 경찰 노릇을 할 필요도 없다. 셰일 산업을 살리려면 기후 변화는 애써 무시해야 했고, 그러려면 기후 변화 등 국제 공조를 주장하는 동맹국과 일부러라도 거리를 둘 필요가 있었다.

대신에 막대한 오일 달러로 세금을 감면해 해외로 나간 제조업체를 미국 영토 안으로 끌어들이고 이를 통해 일자리와 신규 세수를 창출하면 새로운 선순환 구도를 만들 수 있다고 보았다.

▶ 칭하이성의 태양광발전 단지.
바이든은 친환경 에너지 분야의 강자 중국을 따라잡기 위한 정책을 펼치고자 한다.

트럼프는 이 작전으로 실제 적잖은 효과를 본 게 사실이다.

하지만 2020년 전 세계를 휩쓴 코로나19가 이 효과를 모두 허공에 날려버렸다. 2020년 4월 20일(현지시각) 국제 유가는 미증유未曾有의 마이너스(-)를 경험했다. 코로나19 여파로 원유 수요가 급감한 데다 원유 시장 선물 만기일이 겹치며 발생한 초대형 이벤트였다. 국제 유가가 마이너스 가격을 나타낸 것은 지구가 탄생한 이후 이때가 처음이었다. 이론적으로 원유 생산 업체가 원유를 사는 사람에게 돈을 주고 원유를 팔아야 하는 상황을 말한다. 말도 안 되는 사건이라고 볼 수 있다.

하지만 이 말도 안 되는 일이 발생했다. 4월 20일 미국 뉴욕상업거래소NYMEX에서 5월 인도분 서부 텍사스산 원유WTI가 배럴당 -37.63달러에 거래를 마쳤다. 지난 17일 종가 18.27달러 대비 300% 넘게 떨어졌다.

당시 미국 〈WSJ〉는 "정유 시설, 저장 시설, 파이프 라인, 바다 위의 유조선까지 원유로 가득 차 있다"고 썼다. 이 당시 원유 저장 공간이 꽉 찬 상황에서 WTI 선물 구매자들은 5월분을 대거 팔고 차월물인 6월물로 갈아타기를 원했다. 현물로 원유를 받을 수가 없었던 상황이었다. 따라서 모두 5월물 만기를 앞두고 5월물을 인수받기를 거부했고 급기야 이론상의 영역인 마이너스로 유가가 떨어진 것이다. 이 사건 전후 배럴당 20달러 선에서 맴돌던 국제 유가는 6~7월로 접어들며 40달러 고지는 넘었지만, 평균 생산 단가가 40달러대 중반대로 평가되는 미국 셰일 오일 산업계는 이미 회복할 수 없는 피해를 본 상황이었다.

그러다 2020년 6월 말 결국 우려했던 일이 터지고 만다. 미국의 셰일 가스 생산 혁명을 대표했던 미국 최대의 셰일유 생산 업체 '체서피크 에너지'가 파산을 신청한 것이다. 수년간 누적된 막대한 부채에다 에너지 수요 급감, 국제 유가 하락 등 악재가 겹치자 결국 회사가 무너진 것이다. 체서피크 에너지는 텍사스 남부 지구 파산법원에 파산 보호 신청서를 제출했는데 회사는 구조 조정 등을 통해 약 70억 달러의 부채를 청산하기로 했다. 하지만 블룸버그 통신에 따르면 체서피크의 채무는 500억 달러(약 60조 원)에 달할 정도 상처가 깊어 회복 여부를 장담할 수 없는 상황이다. 체서피크 에너지는 2008년 한때 시가총액이 42조 원이 넘던 우량 업체였다. 하지만 파산 직전 시가총액은 300분의 1 수준인 1,400억 원에 불과했다.

또 〈오일프라이스〉 보도에 따르면 2020년 상반기 미국의 23개 셰일 기업들이 300억 달러 이상의 부채를 안고 파산 보호 신청을 한 것으로 전해졌다. 〈오일프라이스〉는 향후 2년 동안 셰일 업체들에게 더 많은 부채의 만기가 돌아오고 있어 파산이 더욱 늘어날 것이라고 예상했다. 국제 유가가 대폭 회복되지 않으면 셰일 오일 업체들은 상당 기간 생존을 위한 '죽음의 계곡'을 넘어야 한다. 설사 국제 유가가 회복되어도 업체들이 'V자 반등'에 나설지는 의문이다. 그동안 신규 유전 탐사 등 새 먹거리 발굴을 전혀 하지 못할 것이기 때문이다. 따라서 트럼프가 '미국의 부활'을 선언하는 핵심 동력이었던 셰일 오일 산업은 펀더멘털에 심각한 훼손이 왔다고 봐야 한다.

게다가 이 과정에서 트럼프의 대응은 무기력했다. 국제 유가가 떨어지면 가장 많은 피해를 보는 것은 트럼프가 아끼던 셰일 오일 업체들이었다. 트럼프가 손을 놓고 있었던 것은 아니다. 2020년 4월 국제 유가가 추락하자 트럼프 대통령은 트위터를 통해 "푸틴 (러시아) 대통령과 대화한 내 친구 'MBS(무함마드 빈 살만 사우디아라비아 왕세자)'와 방금 얘기했다. 나는 그들이 (원유) 약 1,000만 배럴을 감산할 것으로 예상하고 희망한다. 더 많을 수도 있다. 그 같은 일이 일어난다면 원유 및 가스 업계에 좋을 것"이라고 전했다. 이어 "1,500만 배럴에 이를 수도 있다. 모두를 위해 좋은 뉴스"라고 한 번 더 트윗을 날리기도 했다.

또 트위터를 통해 "바다에서 이란 무장 고속단정이 우리의 배를 성가시게 굴면 모조리 쏴버려 파괴하라고 지시했다"라고 쓰기도 했다. 중동에서 분쟁이 일어나면 국제 유가가 반등할 수 있어 '트윗 정치'를 한 것이다. 트럼프의 트윗이 나올 때마다 국제 유가는 전일 대비 많게는 20%씩 반등하는 등 단기 약발은 있었지만, 트럼프 역시 국제 유가가 마이너스로 떨어지는 상황은 막을 수 없었다. 셰일 업체들이 줄줄이 도산하는 것 역시 막을 수 없었다.

2020년 8월 미국의 다우존스Dow Jones가 내린 결정 역시 트럼프가 강조하는 화석 에너지 산업 시대가 저물고 있다는 강력한 신호를 줬다. 8월 24일(현지시각) 미국의 대표 석유 기업인 엑손모빌Exxon Mobil이 다우존스 산업평균지수에서 퇴출당한 것이다. 1999년 11월 30일 엑손Exxon이 모빌Mobil을 835억 달러에 흡수합병해 탄생한 엑손모빌은 그야말로 세계 에너지 업계의 대표 기업이었다. 미국 텍사스를 상징하는 에너지 회사이기도 했다.

다우존스 산업평균지수는 〈WSJ〉 편집자이자 다우존스앤컴퍼니Dow Jones & Company의 공동 창립자인 찰스 다우Charles Dow가 창안한 주가지수다. 미국을 대표하는 가장 오래된 지수다. 1887년 7월부터 주가지수가 산출됐다. 미국의 증권거래소에 상장된 30개의 우량 기업 주식을 평균하는 식으로 지수를 산출하는데 표본을 30개밖에 뽑지 않는 만큼 대표성을 위해 엄격한 지수 편입·편출 작업을 거친다.

엑손모빌은 1999년 합병 한참 전인 1928년 스탠더드오일오브뉴저지로 다우지수에 합류한 최장수 멤버였다. 이 지수에 들어가 무려 100년 가까이 생존한 것이다. 2011년까지만 하더라도 엑손모빌은 애플과 함께 시가총액 1위를 다투던 초우량 기업이었다. 하지만 유가 하락과 친환경 에너지의 등장으로 인해 엑손모빌의 위상은 갈수록 축소됐다. 더는 미국을 대표하는 30개 기업에 들어가기 어렵게 됐다.

그만큼 에너지 시장에 부는 변화 속도가 빠르다는 얘기다. 심지어 전통적인 산유국인 중동 국가들도 다음 세대 준비를 위해 잇달아 친환경 에너지에 투자하는 형국이다.

빈 살만 사우디아라비아 왕세자는 2016년 발표한 '비전 2030'을 통해 비석유 부문 수출의 국내총생산GDP 비중을 기존 16%에서 50%로 늘리겠다는 발표를 한 바 있다. 2040년까지 풍력(9GW), 태양광(16GW), 태양열(25GW), 바이오매스(3GW), 지열(1GW)을 합쳐 총 54GW 규모의 친환경 에너지 발전 목표를 세웠다. 사우디아라비아 총 에너지 가운데 30%에 해당하는 에너지를 친환경 에너지로 채우겠다는 야심 찬 선언이다.

2020년 3월 코로나19발 유가 하락으로 산유국 간 유가 전쟁이 극심할 무렵 사우디아라비아가 내린 전략적인 선택도 많은 것을 시사한다. 당시 러시아는 석유 수요 급감에 대응하기 위한 석유수출국기구OPEC 감산 요청을 일언지하에 거절하며 유가 하락의 주범이 됐다. 당시 러시아의 논리는 "감산으로 유가가 상승하면 결국 미국의 셰일 업계에만 이득이 된다"는 논리였다. 셰일 오일은 시추 비용이 높기 때문이다.

그런데 미국의 우방국이던 사우디아라비아가 내린 선택은 뜻밖에도 증산이었다. 당시 〈블룸버그〉 등 외신의 분석은 "사우디아라비아가 최대한 빠른 시간에 석유를 현금화하려는 전략을 세웠다"는 것이었다. 이미 석유의 시대가 끝나고 석유 수요가 10~20년 안에 피크를 찍을 거란 예상을 했다는 것이다. 사우디아라비아는 땅만 파면 석유가 나오기 때문에 배럴당 생산 원가가 채 10달러에 미치지 않는다. 사우디아라비아가 마음먹고 증산에 나서면 미국 셰일 업체는 물론 러시아까지 속수무책이다. 출혈 경쟁을 감수하고 석유를 팔아 번 돈으로 다른 곳에 투자해 국가 시스템을 개조하겠다는 결심을 사우디아라비아가 하고 있다는 것이다.

인근 중동 국가들도 마찬가지다. 카타르는 태양광 발전량을 2020년 1.8GW에서 2030년에는 10GW까지 올릴 계획이다. 쿠웨이트는 2030년까지 자국 내 전력 수요 15%를 태양광과 풍력으로 대체하겠다고 밝힌 바 있다.

게다가 2020년 7월에는 중국이 석유 메이저 회사를 상대로 달러가 아닌 위안화로 원유를 처음 거래하는 사례를 만들며 '페트로 달러'에서 '페트로 위안'으로 넘어갈 수 있는 변곡점까지 만들었다. 〈로이터통신〉 등에 따르면 7대 석유 메이저 중 하나인

영국 브리티시페트롤리엄BP이 이달 상하이국제에너지거래소INE
에서 중국에 원유 300만 배럴을 납품하며 위안화로 거래를 마
친 것으로 보도됐다. 세계적인 에너지 원자재 무역회사 머큐리
아도 8~9월 위안화로 원유를 거래할 예정이라는 보도도 함께
나왔다.

   지금까지 세계 원유 거래는 NYMEX, 싱가포르상품거래소
SMX, 런던 ICE선물거래소 등에서 거의 달러화로만 이뤄졌다. 앞
서 설명한 대로 이것은 미국 달러가 기축 통화로서 기능할 수 있
는 '페트로 달러' 시스템의 핵심이었다. 하지만 중국은 코로나19
사태로 글로벌 원유 수요가 크게 줄어든 틈을 타 자본을 내세우
며 석유 메이저에 위안화 거래를 압박했다는 분석이 나온다. 중
국이 위안화를 기축 통화로 키우려는 전략의 일환인 것이다. 트
럼프 입장에서는 미국을 살리기 위한 수단이었던 셰일 오일 업체
도 망가진 데다, 패권 국가로서의 미국을 유지하는 '페트로 달러'
체제까지도 흔들거리는 굴욕을 맛본 것이다. 한마디로 트럼프의
위신이 떨어진 것이다.

바이든이 그린 산업에
집중하는 진짜 이유

중국이 장악한 친환경 에너지 시장

트럼프 대통령이 "기후 변화는 조작된 것"이라며 친환경 에너지 산업을 내팽개치자 그 빈자리는 모두 중국이 메웠다. 미국 입장에서는 트럼프를 축으로 과감하게 베팅한 '석유 산업'에서 별 재미를 보지 못하고 큰 잠재력이 있는 친환경 에너지 산업은 모두 중국에 넘겨준 꼴이 되어 속이 쓰리다. 그 민심을 바이든이 파고들어 '그린 뉴딜' 부활을 외치는 것으로도 볼 수 있다.

중국 세계 태양광 시장 조사 업체인 피브이인포링크에 따르면

2019년 기준 글로벌 태양광 모듈 생산량 순위 '톱10'에서 무려 8개가 중국 업체다.

1위 진코솔라, 2위 제이에이솔라, 4위 캐나디안솔라, 5위 트리나솔라, 6위 론지솔라, 7위 라이젠에너지, 8위 GCL-SI, 9위 퍼스트솔라가 모두 중국 업체다. 그나마 한국의 한화솔루션이 3위, 베트남의 비나솔라가 10위를 차지하고 있다. 10위 베트남 비나솔라 역시 중국 업체가 관세 등을 회피하기 위해 자회사를 세운 것이어서 사실상 중국 업체라고 봐야 한다.

2018년에는 2위인 한화솔루션을 빼고 1위와 3~10위가 모두 중국 업체였다. 전 세계 태양광 모듈 산업 주도권을 완전히 중국이 틀어쥔 셈이다. 태양광 산업 밸류 체인은 '폴리실리콘→잉곳→웨이퍼→셀→모듈'로 이뤄진다. 태양광 산업의 쌀이라 불리는 폴리실리콘 산업은 OCI 등이 강자였는데 중국 기업의 저가 공세에 무너지며 이 역시 중국 업체가 판을 치는 상황이다. 잉곳, 웨이퍼 쪽도 사정은 비슷하다. 2019년 기준 세계 태양광 시장의 중국 기업 점유율은 폴리실리콘 64%, 웨이퍼 92%, 셀 85%, 모듈 80%에 달한다.

풍력발전 시장에서도 중국의 영향력은 막강하다. 〈블룸버그〉에 따르면 2019년 기준 글로벌 풍력발전 1위 업체는 덴마크의 강자 베스타스다. 2위는 독일 지멘스와 스페인 가메사 합작 업체인 지멘스 가멘사, 3위는 중국의 골드윈드다. 그나마 미국의 GE가 4위를 하고 있지만 5위는 다시 중국 업체 인비전Envision의 몫이다. 6위 밍양Ming Yang도 중국 업체, 7위 윈데이Windey, 運達도 중국 업체, 8위 노르덱스Nordex는 독일 업체, 9위 상하이일렉트릭과 10위 CSIC는 중국 업체다. 풍력발전 '톱10' 업체 중 중국 기업이 6곳이나 된다.

바이든 입장에서 친환경 에너지 산업 부활로 미국 내 일자리를 만들겠다는 것은 중국 적진 대마에 들어가 집을 내겠다고 선언한 것과 진배없다. 물론 전기차, 그린 빌딩 등 태양광·풍력을 제외한 산업에서 일자리를 창출할 가능성도 열려 있지만 적극적으로 산업을 부흥시켜 일자리를 만들고 수출길을 열려면 풍력·태양광 산업 발전 없이는 효과가 매우 한정적이다.

중국이 태양광·풍력발전에 막대한 보조금을 쏟아부은 것은 널리 알려져 있다. 2010년 전후 친환경 에너지 산업이 막 태동해 확장기에 접어들 무렵부터 중국은 압도적인 내수 시장과 보조금을 바탕으로 회사 덩치를 키워왔다. 중국 정부가 뿌린 보조금으로 원가 경쟁력을 갖춘 업체가 중국의 빈 땅 곳곳에 친환경 발전소를 설치하며 실적을 쌓아 올렸다. 이렇게 쌓은 실적과 기술력을 기반으로 세계 시장 공략에 나서 탄탄한 경쟁력을 갖춘 것이다.

중국 정부는 친환경 에너지 산업에 쓰는 보조금을 2019년

120억 달러(약 14조 4,500억 원)에서 2020년 130억 달러(약 15조 6,800억 원)로 7.5%나 늘렸다. 중국 제조사들은 규모의 경제를 통한 가격 경쟁력 확보로 시장 점유율을 지속적으로 확대하는 데다 정부의 보조금까지 먹고 쾌속 성장 궤도를 달리고 있다.

정부 적극 지원을 통한 친환경 에너지 산업 발전 계획

그렇다면 바이든은 중국 업체가 주도권을 쥔 친환경 에너지 산업에서 어떤 수를 내서 일자리를 만들겠다는 것일까. 단초는 세 가지에서 찾을 수 있다. 첫 번째는 2012년 오바마 정부가 중국을 상대로 건 태양광 싸움이다. 바이든이 부통령이던 시절이다.

당시 미국의 태양광 패널 제조사 7곳은 미국 정부에 중국산 태양광 패널에 최고 100%의 관세를 부과해줄 것을 요청했다. 중국산 태양광 패널 업체가 중국 정부에서 막대한 보조금을 받으면서 미국에 '덤핑' 수출을 일삼는다는 불만의 목소리가 높았다. 당시 문제가 된 중국 업체는 선테크파워Suntech Power Holdings, 트리나솔라Trina Solar, 제이에이솔라JA Solar Holdings 등이었는데 이들 업체 일부는 미국 관세가 나올 것에 대비해 공장 일부를 중국 밖으로 옮겨두기까지 했다.

당시 오바마 대통령은 "외국에서, 외국 노동자들에 의해 만들어진 풍력발전기, 태양광 패널, 하이테크 배터리를 원하지 않는다. 미국에서 이 제품들을 생산하기를 원한다"고 말했다. 미국 업체 편을 들어준 것이다. 따라서 바이든이 집권한다면 비슷한 내용의 정책을 펼칠 공산이 크다. 일단 미국에서 중국 친환경 에너지 산업을 몰아내기 위해 관세 카드를 적극 내밀 거라는 분석이다. 중국이 아직 자국 업체에 막대한 보조금을 뿌리고 있는 만큼 이를 문제 삼으면 정쟁의 도구로 끌고 갈 수 있다는 판단이다.

두 번째는 바이든의 공약 일부에서 찾을 수 있다. 바이든은 미국에서 개발된 혁신 기술을 신속하게 시장에 내놓을 수 있도록 지원하겠다는 입장이다. 이와 관련해 태양광 패널 5억 개, 풍력발전기 6,000만 개를 새로 설치하겠다는 게 목표다. 바이든은 새로 설치하는 태양광 패널과 풍력발전기 상당수를 'MADE IN USA'로 선택할 것으로 보인다. 한마디로 중국의 전략을 카피해서 미국에서도 쓰겠다는 것이다. 그린 뉴딜의 막대한 예산 중 일부를 헐어 미국 친환경 에너지 기술 개발을 위해 쓰고 내수 시장을 대폭 열어 '테스트 베드'로 제공하는 전략이다. 사실 태양광, 풍력발전에 어마어마한 혁신 기술이 필요한 것은 아니다. 이제는 돈만 들이면 웬만한 수율 이상의 제품은 생산할 수 있다. 중요한 건 단가와 규모의 경제다. 결국, 돈을 얼마나 쓸 수 있느냐에 따라 생존 여부가 결정되는 것이다. 바이든이 '환경의 심각성'이라는 명분 아래 마음먹고 미국의 내수 시장을 미국 업체 위주로 키우면 단기간에 상당한 효과를 볼 수 있다. 이를 통해 당연히 새로운 일자리도 만들어진다.

세 번째는 국제 공조다. 바이든은 "취임 직후 파리기후협약에 다시 가입하겠다"고 공언한 상황이다. 이를 통해 미국의 동맹국과 공조해 '반反 중국' 산업 연대 큰 그림을 그리는 것이다. 예를 들어 한화의 경우 미국 수소 트럭 업체 니콜라에 무려 1억 달러를 투자해 현지 수소 충전 인프라 구축과 운영 사업에 진출할 예정이다. 니콜라는 최근 미국과 캐나다에 수소 충전소 1,200개를 짓겠다는 계획을 발표했다. 수소 충전소 주변에는 태양광발전소가 들어간다. 발전소에 쓰이는 태양광 모듈, 에너지 저장장치ESS 등은 한화솔루션이 공급하는 그림이다.

유럽에는 베스타스, 지멘스 가메사 같은 우수한 풍력 업체들이 많다. 국가 차원의 협력을 통해 기업 간 제휴를 확대하고 이것이 친환경 에너지 분야 투자로 이어지게 하는 선순환 구도를 만들 수 있다는 얘기다.

바이든의 이 같은 계획에 시장은 미리부터 반응했다. 〈WSJ〉에 따르면 퍼스트 솔라, 테슬라 등 뉴욕 증시에 상장된 녹색 에너지 관련 기업 주식으로 구성된 '와일더힐 청정 에너지 지수WilderHill Clean Energy Index'는 2020년 8월 9년 만에 최고치를 기록했다.

바이든이 당선되면 친환경 에너지 기업 실적이 점프할 수 있다는 데 시장이 베팅한 것이다.

비슷한 시기 바이든이 대선에서 이기면 은 가격이 급등할 수 있다는 전망이 나오기도 했다. 뱅크오브아메리카BOA 보고서에 따르면 태양광 패널 핵심 구성 요소인 은이 바이든 당선 이후 가격 급등 랠리를 펼칠 수 있다고 한다. 현재 연간 2,285톤인 은 수요가 향후 15년간 연 4,272톤으로 87% 늘어날 것이란 전망이다.

바이든이 공약에 "탄소 포집 및 저장 기술에 투자하겠다"는 문구를 넣어 기존 에너지 업계와 공존을 시도하는 점도 주목할 만한 대목이다. 이는 화석 연료를 태웠을 때 온실가스 배출을 최소화할 수 있는 기술이다. 적어도 수십 년간 화석 연료와 미국이 공존할 수 있다는 메시지를 넣은 것이다. 나라 전체를 급진적인 친환경 에너지 국가로 재편하지는 않을 거란 신호를 보낸 셈이다. 바이든은 원자력발전으로 효율적으로 전기를 생산할 것도 제안하고 있다. 에너지를 바라보는 관점이 포괄적이라는 얘기다.

공약에 따라 산업이 뜨거나 지면 일자리가 위협받는 등 이해관계가 다양한 미국 노동단체 역시 바이든 지지에 나선 상황이다. 미국노동총연맹산업별조합회의AFL-CIO는 2020년 5월 이사회에서 바이든을 지지하기로 의결했다. 물론 AFL-CIO는 전통적으로 민주당의 '우군'으로 분류된다. 2016년 대선 당시에도 힐러리 클린턴 민주당 후보를 지지했다. 이번에 바이든이 미국 메인 산업 중 하나인 셰일 오일 산업에 대한 비중을 낮췄지만, 이것이 미국 노동자 단체 지지 철회로 이어지지는 않은 셈이다. 바이든 입장에서는 대선 격전지인 미시간·위스콘신·펜실베이니아주 등 '러스트 벨트'에서 이겨야 선거를 가져올 수 있는데, 이를 위해선 블루칼라 노동자 표심을 확보해야 한다. 한편 트럼프 대통령은 "바이든의 에너지 정책이 미국 일자리를 줄일 것"이라며 노동자 층의 표심을 자극하고 있다.

바이든이 당선되면
달러는 약세로 전환할 것

달러 가치에 대한 일관된 철학 없는 트럼프

바이든은 당선 시 법인세를 인상하고 4년간 2조 달러 규모 청정 에너지 인프라 사업을 벌이겠다고 공약했다. 트럼프 대통령은 2017년 말 세제 개혁을 단행해 법인세율을 35%에서 21%로 깎았다. 바이든의 공약은 21%인 법인세가 지나치게 낮으니 이를 28%로 일부 올리겠다는 내용이다.

법인세 인상 배경과 청정 에너지 인프라 사업의 상세한 내용은 후술하기로 하고, 바이든 당선 시 미국 달러는 강해질지 약해질지 한국에 미치는 환율 영향은 어떨지 먼저 살펴보기로 한다.

미국 대선 이후 달러가 어떻게 움직이느냐를 놓고 흥미로운 조사가 진행되었다. 스웨덴 최대 재벌 발렌베리 그룹 소속 SEB는 1980년부터 2016년까지 열 차례의 미국 대선이 치러진 이후 아홉 차례에 걸쳐 결과 발표 후 달러화가 100일간 상승 흐름을 탔다는 조사 결과를 발표한 바 있다. SEB 분석에 따르면 상승 폭은 민주당이 승리할 때 더 가파른 것으로 나타났다. 민주당이 이겼을 때 달러화가 평균 4% 오른 반면 공화당이 승기를 잡았을 때 상승 폭은 2%에 그쳤다고 한다.

하지만 이번에는 상황이 좀 다를 것이란 의견이 많다. 바이든이 당선된 이후 달러가 약해질 거란 전망이다. 배경을 살펴보기 위해 트럼프가 달러를 놓고 어떤 태도를 취했는지부터 차근차근 살펴보자.

트럼프는 즉흥적인 성격의 소유자답게 달러의 강·약세를 바라보는 관점이 그때그때 달랐다. 2017년 말 당선인 신분이었던 트럼프는 〈WSJ〉와의 인터뷰를 통해 "달러 강세가 미국을 죽이고 있다"고 말했다. 트럼프는 미국 제조업의 부활을 꿈꾸던 사람이었다. 법인세를 낮추고 세계 각지로 나간 미국 기업들이 다시 미국 안으로 들어오기를 바랐다. 달러 가치를 떨어뜨려 미국 기업 수출 경쟁력을 높여야 하는데 달러가 강하면 그렇게 되기 힘들다는 취지로 인터뷰에서 불만을 토로했다.

하지만 세세하게 따지고 들면 그의 말과 행동에는 적잖은 괴리가 있었다. "달러가 강하다"고 불만을 토로했지만, 그가 내건 공약은 강한 달러를 유발하는 특성이 있었기 때문이다. 보호무역주의를 통해 미국으로 투자를 유치하고 미국 경기를 대폭 살리게 되면 자연스레 달러 가치가 상승하는 구조이기 때문이다. 따라서 당선인 시절 그의 "달러 약세를 원한다"는 발언은 레토릭일 가능성이 크다는 분석도 나왔다.

오락가락하는 트럼프의 발언은 이후 꾸준히 나타났다. 2018년 1월 벌어진 일이다. 스티브 므누신 재무장관은 스위스 다보스에서 열린 세계경제포럼WEF에서 "약달러는 무역에 도움을 준다. 달러 약세가 미국 무역 적자 해소에 도움을 주기 때문에 이를 환영한다"고 말했다. 하지만 바로 다음 날 트럼프 대통령은 WEF에서 CNBC와의 인터뷰를 통해 "므누신 장관의 말이 잘못 인용됐다"며 "달러는 점점 더 강해질 것이며, 궁극적으로 나는 강달러를 보길 원한다"고 말을 뒤집었다. 전날 므누신 장관의 말은 물론 2017년 4월 그가 한 발언조차 180도 뒤집은 것이다.

그다음 해인 2019년 8월에는 말을 또 바꾼다. 그는 8월 8일(현지시각) 트위터를 통해 "사람들은 우리의 강한 달러에 내가 짜릿해할 거라 생각할지 모르지만 나는 아니다"며 "다른 나라들에

비해 높은 연준의 금리 수준은 달러화 가치를 높게 유지시켜서 캐터필러와 보잉 등 미국의 훌륭한 제조 업체들이 세계 무대에서 평등한 경쟁을 하는 데 더욱 어려움을 겪게 만든다"고 한탄했다. 그러면서 "우리의 기업들은 세계에서 가장 훌륭하다. 세계 어떤 기업도 따라오지 못하는 수준이다. 그러나 불행하게도 연준은 그렇지 못하다"라고 쏘아붙였다.

이 당시 트럼프의 지상 목표는 연준을 압박해 금리를 내리게 하는 것이었다. 이즈음 트럼프 행정부는 중국을 환율 조작국으로 지정해 미·중 갈등이 무역 전쟁에서 환율 전쟁으로 비화되는 상황이었는데, 트럼프는 연준이 가세해 달러 가치를 내리는 즉효약인 금리 인하를 서두르지 않는 것에 불만을 가졌던 것이다.

달러를 바라보는 트럼프의 관점은 2020년 또 달라진다. 5월의 일이다. 트럼프는 14일(현지시각) 폭스 비즈니스와의 인터뷰에서 "지금은 강한 달러를 가져가기 좋은 때다. 우리가 달러를 강하게 유지한 덕분에 모두가 달러화를 원한다"고 말했다. 이때는 전 세계를 휩쓴 코로나 바이러스로 미국이 신음할 때다. 트럼프가 달러 약세를 원하는 가장 근본적인 이유는 미국 제조업 수출 경쟁력을 제고하는 것이었다. 하지만 코로나19 사태로 제품을 살 수 있는 글로벌 수요가 급감했다. 약달러를 유지할 이유가 실종된 것이다. 대신 강달러 체제로 가면 미국 입장에서 수입하는 물품

가격이 싸져 미국 소비를 빠르게 회복시킬 힘이 된다. 수입 단가를 낮추는 효과를 발휘해 소비 회복세 속도를 빠르게 할 수 있다는 얘기다.

이를 볼 때 트럼프는 달러 가치에 대한 근본적인 확고한 철학이 있었다기보다는 그때 처한 상황에 따라 달러를 바라보는 시선이 달라졌음을 알 수 있다.

바이든 집권 시 재정 적자로 달러 가치 하락 예측

바이든은 아직까지 달러의 향방에 대해 뚜렷한 의견을 내고 있지는 않다. 하지만 시장이 예측하는 방향은 일관된다. 바이든이 당선될 경우 달러가 약세로 접어들 거란 전망이다.

바이든의 공약은 증세와 재정 정책 확대 두 가지로 요약된다. 그간 트럼프의 감세 정책은 미국 기업 체력 향상과 시너지를 내 미국 집중 현상을 강화했다. 이는 미국 기업 주가를 상승시켰고 강해진 증시에 투자하기 위한 달러 수요가 늘면서 달러는 강세로 가는 구조였다. 하지만 바이든 정권하에서 법인세가 늘어나면 이런 선순환 고리 일부는 약해질 수 있다. 골드만삭스는 법인세를 올리겠다는 바이든의 공약이 현실화되면 S&P500 대기업 2021년 주당 순이익이 평균 170달러에서 150달러로 12% 가까이

떨어질 것으로 전망했다. 전고점을 넘어서는 미국 증시에 충격이
될 수 있다는 것이다.

　그렇다면 글로벌 투자자 일부는 미국 증시를 떠나 신흥국 증시
로 이동할 수 있다. 그러면 미국 주식에 투자하기 위해 필요했던
달러에 대한 수요 일부가 감소하면서 자연스레 달러가 약세 기조
로 접어들 수 있다.

　또 하나 중요하게 봐야 할 점은 바이든이 경제를 살리기 위
해 대대적인 재정 정책을 추진할 것이라는 점이다. 바이든은
2020년 7월 펜실베이니아주 던모어의 한 금속 공장 앞에서 일자
리 회복을 위해 정부 예산 7,000억 달러(약 840조 원)를 투입하는
내용의 경제 공약을 발표했다. 이것이 2차 세계대전 이후 미국
경제에서 가장 공격적인 정부 투자가 될 것이라는 평가다.

　바이든은 이를 '더 나은 재건Build Back Better'이라고 부른다.
여기에는 연방 정부 예산 4,000억 달러를 들여 미국산 제품을 추
가로 구매하고, 기술 부문의 연구·개발 사업에 3,000억 달러를
지원하는 내용이 들어 있다. 미국 제조업과 기술 부문에 막대한
돈을 풀겠다는 것이다.

　바이든 캠프는 이를 1930년대 뉴딜 정책과 비슷하다고 선전한
다. 뉴딜은 프랭클린 루스벨트 대통령이 대공황 이후 경기 침체
를 극복하기 위해 정부의 적극적인 개입을 바탕으로 한 케인지언

적 경제 정책을 말한다. 바이든은 "연방 정부는 미국산 제품을 사고 미국 일자리를 지원하는 데 세금을 활용해야 한다"면서 "우리의 계획을 실행에 옮겨 일자리 500만 개를 창출할 수 있다"고 강조했다. 이날 바이든은 최저 시급을 15달러로 올리고 노동자들의 단체교섭권을 강화하겠다는 내용도 함께 발표했다.

바이든은 "오바마 정부 당시 추진한 '오바마케어'를 지지한다. 오바마케어를 무력화하려는 이들의 생각에 반대한다"는 입장이다. 트럼프 대통령은 수차례 헬스케어 예산 줄이기 차원에서 오바마케어 폐지를 시도한 바 있다. 심지어 의회에서 오바마케어 폐지가 힘들어지자 미국 연방 대법원에 오바마케어 위헌 소송을 제기하고 정책 폐지를 공식 요청했을 정도다.

2014년 발효된 오바마케어는 민영 보험에 의존하는 기존 미국 의료보험 체계를 바꿔, 이전까지 보험에 가입돼 있지 않던 저소득층 수백만 명에게 건강보험 가입을 의무화한 게 핵심이다. 정부는 이 과정에서 일부 보조금을 지급한다.

한마디로 바이든이 대통령이 되면 미국의 재정 적자가 더 심해질 수 있다는 게 핵심이다. 바이든은 정부 예산을 전보다 훨씬 많이 편성해 재정 정책으로 돈을 풀자는 입장이기 때문에 재원 마련을 위해 국채를 추가 발행하는 게 필수적이다.

미국이 패권 국가가 아닌 소규모 개방 경제라면 국채를 발행한 예산으로 재정을 집행하면 '채권 공급 증가→채권 가격 하락→금리 상승'의 사이클을 밟게 된다. 하지만 패권 국가인 미국에서는 다소 다른 경로가 나올 수 있다. 미국의 국채 수요가 미국에만 국한되지 않기 때문이다.

2020년 3월 기준 미국 정부 부채는 25조 7,000억 달러에 이른다. 이 중 미국이 가지고 있는 국채 비중은 약 70%다. 나머지 30%는 해외에 있다는 뜻이다.

미국 국채를 가장 많이 보유한 나라는 일본이다. 1조 2,717억 달러로 미국 밖에 있는 국채 중 18.67%를 가지고 있다. 2위가 중국(1조 816억 달러, 15.88%), 3위가 영국(3,953억 달러, 5.8%) 순이다. 4위 아일랜드(2,715억 달러), 5위 브라질(2,644억 달러), 6위 룩셈부르크(2,461억 달러), 7위 홍콩(2,453억 달러), 8위 스위스(2,446억 달러) 순이다.

오랜 기간 중국이 미국 국채 보유 순위 1위를 차지했지만, 미국과 중국 간 사이가 멀어지면서 지속적으로 미국 국채를 내던진 탓에 일본이 중국을 제치고 1위 자리에 올랐다.

통계치를 감안하면 미국이 찍어내는 국채의 약 30%는 일본, 브라질, 스위스를 비롯한 글로벌 국가에 흘러가는 셈이다. 결국, 미국이 찍어내는 국채는 미국 밖 나라에 달러를 더 던져주는 셈이 되고, 미국 외의 국가 입장에서 달러가 많아진다는 것은 그만큼 달러가 과거만큼 귀하지 않다는 의미로 귀결된다. 따라서 미국이 막대한 재정 적자를 감수하겠다는 얘기는 달러가 약세로 전환할 가능성이 크다는 결론으로 이어질 수 있다. 결국, 바이든이 추구하는 정책이 현실화될 경우 미국 달러는 중장기적인 흐름에서 약세 방향으로 갈 확률이 높다는 걸 의미한다. 물론 언제나 그렇듯이 단기 이벤트에 따라 출렁거리는 달러 가치 향방은 정확하게 예측하는 게 불가능하다.

바이든이 석유·가스 업계의
기부금을 거절한 이유

친환경 에너지를 핵심 동력으로 설정

2020년 8월에 나온 뉴스다. 도널드 트럼프 미국 대통령이 자신을 지지하며 기부금을 낸 갑부에게 왜 돈을 더 내지 않느냐며 짜증을 냈다고 한다. 정치 전문 매체 〈폴리티코〉 등 미 언론이 보도한 내용이다. 이들에 따르면 트럼프 대통령은 최근 셸던 애덜슨 라스베이거스샌즈 최고경영자와 통화했는데, "왜 자신을 더 도와주지 않느냐"고 타박을 했다고 한다.

87세의 애덜슨은 카지노 사업으로 엄청난 부를 일군 전통적인 공화당 지지자다. 지난 10년간 공화당에 낸 돈만 수억 달러에 달한다고 한다. 공화당 내에서 한 번에 1억 달러 이상을 기부해줄 수 있는 거의 유일한 인물로 꼽힌다. 애덜슨이 트럼프 캠프에 기부한 돈도 수천만 달러에 달할 것이란 게 정설이다. 그런데도 트럼프 대통령은 "왜 좀 더 도와주지 않느냐"며 항의를 했다는 것이다. 그만큼 미국 대선에서 기부금이 차지하는 비중이 크기 때문이다. 기부금 액수는 대선 후보가 미치는 사회적 영향력과 당선 가능성을 예측할 수 있게 하는 핵심 변수와 같다. 미국 공화당과 민주당 대선 후보들은 서로 기부금을 많이 모았다고 자랑하며 표심을 캠프로 연결하려 애쓴다.

비슷한 시기 바이든 캠프에서 나온 뉴스다. 고인이 된 남편으로부터 거액을 물려받은 린 슈스터만Lynn Schusterman이란 억만장자가 있다. 2018년 〈포브스〉 기준 전 세계에서 320번째로 돈이 많은 부자다. 그는 2020년 초 바이든 캠프에 5,600달러를 기부했다고 한다. 많다면 많지만, 보유 재산 규모치고는 큰 액수라할 수 없다. 특별한 이해관계를 위해서 낸 돈이 아니라는 건 액수만 보면 알 수 있다.

하지만 그의 딸 스테이시에 따르면 2020년 9월 민주당은 이 기부금을 전액 환불했다. 바이든이 오일·가스 등 화석 연료 기업이나 그 경영진에게 기부금을 받지 않겠다고 선언했기 때문이다.

린 슈스터만은 1971년 석유 및 가스 탐사 회사인 샘슨 리소시즈Samson Resources를 설립하고 2000년에 사망한 찰스 슈스터만 Charles Schusterman의 부인이다. 2011년 유산을 물려받은 가족은 사업체를 매각하고 재산의 일부로 찰스&린 슈스터만 가족 재단Charles & Lynn Schusterman Family Foundation을 만들어 사회 공헌 활동을 펼쳐왔다. 유대인 청소년들이 이스라엘을 여행할 수 있도록 기금을 제공하는 자선단체를 주로 후원해왔다.

린 슈스터만은 남편이 남긴 에너지 기업 지분 일부를 보유하고 있지만, 회사에서 임원으로 근무하지 않고 있다. 그래서 당연히 바이든이 기부금을 기쁘게 받을 것이라 생각했지만 그렇지 않았다. 그의 딸인 스테이시는 "아마도 우리 가족이 낸 돈이 석유와 가스로 벌어들인 돈과 관련이 깊다고 바이든 캠프가 생각하는 것 같다"며 "정치는 이상하다"고 고개를 저었다.

바이든 캠프는 이전에 아버지로부터 석유 및 가스회사 지분을 물려받아 억만장자가 된 조지 카이저George Kaiser의 기부금도 반환한 바 있다. 바이든이 유독 석유·가스회사 기부금을 놓고 '결벽증'에 가까울 정도로 거부감을 느끼는 이유가 무엇일까.

우리는 바로 여기서 바이든 당선 이후 글로벌 에너지 시장에 미치는 영향력을 상상해봐야 한다. 바이든은 2020년 7월, 당선되면 4년 동안 2조 달러 규모 청정 에너지 인프라 투자를 하겠다는 공약을 내놨다. 한마디로 친환경 에너지를 미국을 살리는 핵심 동력으로 활용하겠다는 것이다.

셰일 오일 산업 위축 예상

이는 트럼프 정부의 정책과 정면으로 배치되는 것이다. 트럼프 정부는 모든 의사결정 기준을 '미국에 도움이 되는가'를 놓고 생각한다. 철저한 '미국 우선주의'다. 미국에는 적정한 생산 원가만 보장되면 무궁무진하게 캘 수 있는 셰일 오일이 널려 있다. 셰일 오일이란 퇴적암인 셰일이 형성하는 지층에 포함되어 있는 천연가스나 석유를 말한다. 셰일 오일은 셰일층의 넓은 구간에 조금씩 흩어져 있다. 과거에는 비용이 많이 들어서 시추하기 어려웠다.

하지만 에너지 가격이 급등하자 역설적으로 셰일 오일 경제성이 올라갔고, 때마침 물·모래 등을 혼합한 물질을 고압으로 쏘아 바위를 뚫는 프랙킹fracking, 수압 파쇄 공법이 나오면서 셰일 오일을 쓸 수 있게 됐다.

셰일 오일은 미국을 에너지 수입국에서 수출국으로 바꿨다. 텍사스, 노스다코타, 오클라호마 등지의 미국 셰일 오일 매장량은 글로벌 1~2위일 것으로 예상된다. 2019년 미국은 사우디아라비

> 미국의 셰일 오일 채굴 현장.
  유가 하락과 친환경 정책 등으로 미국 정유 산업은 변화가 불가피하다.

아와 러시아를 제치고 세계 최대 산유국 자리에 올랐다. 2021년부터 미국은 에너지 수출이 수입을 앞지르는 '에너지 순수출국'이 될 것으로 보인다.

이 셰일 오일이 트럼프 대통령이 모든 정책을 펼 수 있는 '핵심 수단'이었다. 트럼프 대통령은 셰일 오일 산업을 적극적으로 장려해 '국부國富'를 쌓는 핵심 수단으로 삼았다. 셰일 오일에서 나오는 막대한 이윤을 바탕으로 미국 제조업의 경쟁력을 높이고 산업 생산성도 끌어올릴 수 있을 것이라 봤다. 사우디아라비아를 비롯한 중동 국가는 별 산업이 없는데도 잘살고 있는데, 글로벌 1위 산유국 타이틀과 미국의 첨단 기업이 시너지를 내면 '미국을 더 위대하게' 만들 수 있다는 얘기다.

셰일 오일은 국제 지정학 질서도 바꿨다. 과거 미국은 원유를 안정적으로 수급할 수 있는 중동 지역 안정에 엄청난 공을 들였다. 하지만 이윤만 따지면 굳이 그럴 필요가 사라졌다. 따라서 미국은 굳이 '세계의 경찰' 노릇을 할 필요가 없는 것이다.

셰일 오일을 채굴할 때 환경 오염 논란이 생긴다. 화학 물질을 써서 단단한 암석을 파쇄하는 과정에서 화학 물질이 지하수로 흘러 들어가 식수원을 오염시킬 수 있기 때문이다. 셰일층에 균열이 나서 지반이 약해지기도 한다. 따라서 환경을 중요시하는 환경론자 관점에서는 받아들이기 힘든 카드다. 트럼프 대통령이 파리기후변화협약Paris Climate Change Accord에서 탈퇴하며 "기후변화는 날조된 것"이라 주장하는 것 역시 셰일 오일 산업을 부흥시키려는 계획과 밀접한 관계가 있다. 셰일 오일은 트럼프 대통령 정책의 핵심 키워드다.

그런데 바이든은 공약으로 4년 동안 2조 달러 규모 청정 에너지 인프라 투자를 선거 공약으로 제시했다. 2035년까지 발전 부문 탄소 제로 배출과 2050년 미국 내 탄소 제로 배출 목표를 내세운다. 파리기후변화협약에도 다시 들어가겠다고 한다. 따라서 바이든이 집권할 때 미국 에너지 정책 기조는 트럼프 정부와 극명한 대비를 이룰 것으로 보인다. 이로 인해 미국 에너지 정책의 핵심이었던 셰일 오일 산업에도 막대한 변화가 예상된다. 큰 폭의 위축이 불가피하다.

미국 셰일 오일 업계가 느끼는 공포감은 미국 대선에서 한때 버니 샌더스를 위협하며 '진보의 대표 주자'로 발돋움했던 엘리자베스 워런 상원의원의 '트윗 해프닝'에서 볼 수 있다. 워런의 공약은 임기 첫날 공공 및 연방 정부 소유 땅에 원유 신규 시추 권한 부여를 중단하고 프래킹을 전면 금지하는 행정 명령에 서명하겠다는 것이었다. 이 같은 소식이 나오자 미국 주류 경제 매체들은 "워런의 공약이 미국 에너지 업계 이해와 명백히 상충된다"며 "에너지 업계 판도가 송두리째 뒤바뀔 것"이라 전망했다. 밥 맥날리라피단 에너지 그룹 대표는 "워런 의원이 당선되면 미국의 오일 시장 호황을 저물게 할 것"이라며 "업계가 걱정에 빠져 있다"고 말했다. 워런이 프래킹을 금지하겠다는 내용을 트위터를 통해 공개하자마자 콘초, 옥시덴털 석유 등 미국 석유회사의 주가가 곧바로 5~6% 이상 하락세를 탔을 정도다. 워런의 당선 가능성이 크지 않은데도 벌어진 일이다. 대다수 민주당 대선 후보들이 비슷한 생각을 공유하고 있기 때문이다.

만약 바이든 당선 이후 민주당 주류의 의견처럼 신규 유전 개발을 막고 이로 인해 미국 내 셰일 오일 생산량이 줄어들면 국제 유가는 상승세로 반전할 가능성이 크다. 지난 몇년 간 국제 유가는 하락세를 면치 못했다. 코로나19라는 사태가 일시적으로 국제 유가 선물 가격을 마이너스로 빠뜨리는 충격적인 상황도 2020년 발생했다.

최근 OPEC는 예전만큼의 '카르텔 효과'를 전혀 내지 못하고 있다. 오히려 서로 감산하지 않고 홀로 증산에 나서겠다고 선언하며 카르텔을 붕괴 직전까지 몰아가기도 한다. 과거에는 OPEC에서 감산 결정을 내리면 곧바로 국제 유가는 가파른 상승세를 탔다. 하지만 이제는 세계에서 원유를 가장 많이 뽑아낼 수 있는 미국이 있기에 감산 선언이 별 도움이 되지 못한다. 불과 10여 년 전 고갈을 걱정해야 했던 석유 에너지가 이제는 거의 무한대로 뽑아 쓸 수 있는 범용 에너지로 인식되는 것이다.

하지만 바이든 당선으로 미국이 에너지 패권 시장에서 자발적으로 뒤로 물러나면 OPEC를 비롯한 산유국 입김은 더 세질 수 있다. 이미 투자가 끝난 유전이 많기에 단기에 미국의 원유 생산량이 확 줄지 않지만, 신규 투자가 극도로 제한된다는 것만으로 중동 산유국 입김은 세진다.

이는 미국에 중동의 영향력이 다시 올라온다는 것을 의미하고 미국은 예전처럼 '원유 수급 안정화' 차원에서 중동에 개입하는 '세계 경찰' 역할을 강화할 것이다. 셰일 오일을 어떻게 바라보는지와 미국의 지정학 전략은 동전의 양면처럼 맞닿아 있는 것이다.

표심과 직결되는 에너지 정책

그렇다면 전통적인 민주당 입장에서는 왜 수익이 되는 셰일 오일 시장에서 미국이 주도권을 놓으려는지 의문이 생길 수 있다. 요약하자면 이것은 표심과 관련이 깊다. 민주당을 지지하는 계층 중에 환경 이슈에 관심이 많은 진보적 성향 유권자가 강하고, 친환경 에너지 산업을 끌고 가는 기업들이 주로 민주당을 후원하기 때문이다. 친환경 에너지 업계는 미국이 셰일 오일 패권을 끌고 가는 한 운신의 폭을 넓히기가 매우 힘들다.

단적인 예로 트럼프 행정부는 기업 평균 연비CAFE 제도를 통해 오바마 행정부가 설정한 자동차 연비 규제의 기준을 대폭 낮췄다. 내연기관 차량이 더 많이 굴러갈 수 있도록 기반을 놓은 것이다. 규제가 있는 곳에서 신산업은 자란다. 오일 산업에 대한 규제가 완화되는 기조에서는 전기차를 비롯한 친환경 에너지 사업에는 한계가 있다.

다만 바이든 행정부는 워런 등 일부 민주당 대선 후보들처럼 프래킹을 금지하는 극단적인 전략까지는 내밀지 않을 것으로 보인다. 트럼프 행정부의 에너지 전략을 전면 수정하긴 하겠지만 '경착륙'보다는 '연착륙'을 유도할 거란 얘기다. 실제 바이든은 공식 석상에서 프래킹에 대한 명확한 의견을 제시하지 않고 있다.

미국 대선을 100여 일 앞두고 실시된 설문조사에서 바이든은 트럼프를 오차 범위 내에서 앞서고 있다는 결과가 나오고 있다. 텍사스에서는 1976년 이래 대선에서 민주당 후보가 이긴 적이 없다. 바이든은 2020년 3월 미국 14개 주州에서 진행된 민주당 대통령 후보 경선(슈퍼 화요일)에서 버니 샌더스를 제치고 텍사스에서 격전 끝에 1위를 차지했다. 굳이 프래킹 금지 같은 극단적인 처방을 들고 나와 표심을 자극할 필요가 없다는 결론을 내린 것으로 보인다.

또 역설적으로 트럼프의 '셰일 붐'을 불러온 미국의 에너지 수출을 가능케 한 것은 오바마 행정부 때였다. 2015년 오바마 대통령은 40년 만에 미국 원유 수출을 허용하는 법안에 서명했다. 미국은 1차 석유 파동을 계기로 1975년부터 원유 수출을 원칙적으로 금지해왔는데 오바마가 판도라의 상자를 연 것이다. 이로 인해 미국 원유 생산 업체들은 생산한 원유를 해외로 팔 수 있는 판로를 갖게 됐다. 당시 부통령은 바이든이었다. 바이든 역시 셰일 오일 업체와의 공생 프로세스에 대해 충분한 이해를 가지고 있다는 얘기다.

바이든 당선 후 미·중
선택 강요당하게 될 한국

고래 싸움에 낀 형국

2020년 7월 미국 국무부는 중국의 화웨이 장비를 사용하는 LG유플러스를 콕 집어 다른 업체 장비를 쓰라고 요구했다. 미·중 무역 분쟁이 정점에 달하던 시기였다. 한국 기업을 상대로 미국 정부가 '반중反中 전선'에 동참하라고 압박을 가한 것이다.

관련 발언은 로버트 스트레이어 미국 국무부 사이버·국제통신 정보정책 담당 부차관보 입에서 나왔다. 그는 뉴욕 포린 프레스 센터가 주관한 화상 브리핑에서 "우리는 LG유플러스 같은 기업들에게 믿을 수 없는 공급 업체에서 믿을 수 있는 업체로 옮기라고 촉구한다"고 말했다.

이 발언은 브리핑 과정에서 LG유플러스가 화웨이 장비 사용을 중단한다면 미국에서 혜택을 받을 수 있는지를 질문하자 그 답변으로 나온 것이다. 스트레이어 부차관보는 "우리는 아마도 어떠한 경제적 인센티브를 주지는 않을 것"이라면서 "그러나 이를 심각한 안보 사안으로 여긴다"고 답변했다. 그는 "중요 기간 시설에 화웨이 기술을 사용하면 중국 공산당이 감시 도구로 쓰거나 운영에 지장을 초래하는 방식으로 기술을 약화시킬 수 있게 된다"고 거듭 말했다. 마이크 폼페이오 미국 국무장관 역시 비슷한 시기에 화웨이 장비를 쓰지 않는다는 이유로 SK텔레콤과 KT를 '깨끗한 업체'라고 직접 언급한 바 있다.

2019년 5월 도널드 트럼프 미국 대통령은 화웨이 등 중국 통신 장비 업체의 미국 내 영업을 금지하는 행정 명령을 발효했다. 2020년 5월에는 1년 뒤인 2021년 5월까지 명령의 효력을 연장했다. 트럼프 행정부는 화웨이 등 회사가 보안상 기밀을 중국 정부에 제공할 의무가 있어 위험이 있다고 주장한다. 기업의 탈을 쓰고 간첩 행위를 하고 있다는 것이다. LG유플러스는 비용 등 여러 이유로 전략적으로 화웨이와 제휴를 맺고 있었다. 미국 정부를 자극할 의도는 전혀 없었는데 '고래 싸움에 새우 등이 터진 것'이다.

미국 국무부가 LG유플러스를 놓고 직접적인 발언을 한 이후 한국 외교부의 반응은 매우 조심스러웠다. 미국과 중국 어느 한 곳도 자극하지 않기 위한 최적의 단어를 골라 쓴 흔적이 역력했다.

김인철 외교부 대변인은 정부 서울 청사 별관에서 열린 브리핑에서 "민간 부문의 장비 도입은 기업이 자율적으로 결정할 사안"이라며 "정부는 안전한 5G 네트워크 구축을 위해 민간 분야와의 협력을 포함해 적극적으로 노력하고 있다"고 말했다.

LG유플러스 사례는 미국과 중국이 치열한 패권 경쟁을 벌이는 가운데 한국 기업이 미·중 간 양자택일을 강요받은 모양새라 할 수 있다. 그렇다면 트럼프 정부가 물러나고 바이든 정부가 들어서면 한국은 미국과 중국 사이 '끼인 입장'의 곤혹스러움에서 자유로울 수 있는 것일까.

오바마 정부 때 절정에 달한 대중 압박

잠시 시계를 3년 전인 2015년 8월로 되돌려보자. 당시 박근혜 전 대통령은 중국의 열병식에 참여해 시진핑 중국 국가주석과 함께 천안문 성루에서 인민해방군을 함께 사열하며 엄청난 주목을 끌었다. 당시 미국이 이를 바라보는 관점은 매우 부정적이었다. 한국 정부가 미국에서 중국으로 우방을 바꾸는 것이라는 우려가 미 의회에서 나왔을 정도다. 박근혜 정부는 한국 경제에 막대한 영향을 미치는 중국과 과감한 스킨십을 통해 국익을 높여보겠다는 나름의 승부수를 던진 것이었다. 미국의 불편한 시선을 감수하고 중국과의 관계 개선에 더 큰 베팅을 한 것이다.

그로부터 채 1년이 되지 않아 박근혜 정부는 '뜨거운 감자'였던 '사드THAAD, 고고도 미사일 방어 체계'를 한반도에 배치하겠다는 발표를 한다. 박근혜 정부로서는 중국에 공들인 세월을 다 폐기한 듯한 중대한 결정을 내린 것이다. 당연히 그 뒤에는 미국의 상당한 압박이 있었다.

2011년 미국은 아시아·태평양 재再균형 정책을 발표했다. 2020년까지 해군 전력 60%를 아태 지역에 배치하고 일본과 한국을 뭉쳐 동맹국과 함께 이 지역 힘의 우위를 추구하고자 하는 전략이다. 명시적으로 드러내지는 않지만, 당연히 최종 목적은 중국 견제다.

미국과 일본은 미·일 방위조약이라는 끈끈한 관계로 맺어져 있다. 센카쿠열도 분쟁을 벌이는 중국과 사사건건 대립하는 일본은 중국과 미국 사이에서 누구의 손을 잡을지 망설이지 않는다. 하지만 중국을 제1 무역 파트너로 둔 한국은 입장이 좀 다르다. 미국을 택하자니 중국이 걸린다. 박근혜 정부가 집권 초기 적극적으로 중국과 친밀한 관계를 맺어보려 애쓴 것도 미국과 중국 사이 움직일 공간을 찾아보자는 몸부림이었다. 하지만 전승절 참가 등 여러 이벤트에 놀란 미국이 한국을 강하게 밀어붙여 사드를 선택할 수밖에 없는 구도로 만들어갔다. 그 배경에서 북한 핵실험과 미사일 발사가 이런 분위기 조성에 큰 역할을 했다.

사드 배치 이후 중국의 보복으로 한국이 입은 피해는 많은 것을 바꿨다. 사드 배치 결정 후 중국이 한한령을 내리고 '혐한'을 부추기자 중국 소비 관련 한국 기업 주식 시세는 좀처럼 회복의 기미를 보이지 못했다.

화장품 업체인 아모레퍼시픽, 코스맥스 등의 주가가 1년 2개월간 30~40% 폭락했고, LG생활건강, 에스엠, GKL 파라다이스 등도 20% 안팎으로 주가가 하락하는 아픔을 겪었다.

중국의 넓은 시장에 야심 차게 도전장을 내밀었던 롯데그룹은 사드 배치를 계기로 해외 진출 거점을 중국에서 베트남으로 옮겼다. 중국 내 롯데마트에 손님이 뚝 끊기면서 막대한 손실을 입었다. 베이징현대차의 합작 파트너인 베이징자동차가 합작 폐기를 불사할 수도 있다는 보도가 나오면서 현대차그룹 계열 상장사 11개 중 9개 회사의 주가가 폭락해 현대차그룹 계열사 시총이 하루 사이 2조 5,000억 원이나 줄어드는 사태도 겪었다.

그런데 이 모든 일은 트럼프 정부 이전인 버락 오바마 정부에서 벌어진 일이다. 2011년 아시아·태평양 재균형 정책을 야심 차게 내민 것도 오바마 정부였다. 쉽게 말해 말 몇 마디로 LG유플러스를 압박하는 트럼프 정부와는 비교할 수 없을 정도의 피해를 오바마 정부가 압박한 '사드 배치'를 통해 한국이 입은 것이다. 트럼프 정부가 전방위로 중국을 압박하고 있지만, 한국에 대한 실질적인 요구는 크지 않은 반면 오바마 정부는 국가의 명운을 건 중대한 결정을 한국 정부에 강요한 측면이 있는 것이다.

바이든의 대중 견제가 더 거셀 전망

따라서 바이든 정부가 한국을 미국과 중국 사이 '끼인 입장'에 빼낼 수 있을 거란 예상은 착각에 가깝다. 오히려 바이든 정부에서 한국은 미국과 중국 사이 선택을 강요당하며 더 난감한 상황으로 빠질 공산이 크다.

이는 트럼프 정부가 한국에 강요하는 '방위비 분담'과도 긴밀한 연관이 있다. 트럼프 대통령은 공화당 대선 후보 시절부터 동맹국들의 방위비를 대폭 올려야 한다는 주장을 펼쳤다. 한국과 일본, 독일, 사우디아라비아, 북대서양조약기구NATO를 주로 거론했다.

2015년 유세를 펼치던 그는 "사우디아라비아는 하루에 수십억 달러를 벌면서 무슨 문제가 생기면 우리 군대가 해결해줘야 한다"며 "한국도 그렇다. 미국에서 수십 억 달러를 벌어가는데 이건 말이 안 되는 상황이다. 한국은 미쳤다"고 말했다. 집권 후에도 "미국이 한국을 공짜로 방어해주고 있다", "한반도에서 전쟁이 일어나든 말든 상관하지 않겠다", "한국이 미군 주둔 비용을 100% 부담해야 한다"는 강경 발언을 이어갔다. 심지어 동맹국들이 방위비 분담금을 제대로 내지 않으면 무역으로 압박할 것이라며 '관세 카드'를 꺼낼 의지도 보였다. 한국을 놓고는 돈을 더 안 내면 "주한 미군을 철수하겠다"는 극단적인 발언까지 이어갔다.

재선을 준비하면서도 동맹국 방위비 분담은 단골 멘트로 활용되는 중이다. 트럼프 대통령은 대선에서 재선될 경우 최우선 과제의 하나로 동맹국의 공정한 방위비 분담을 추진하겠다고 여러 차례 밝혔다. 동맹국들이 무역과 군대로 미국을 이용하고 있다며 미국의 청구에 지불해야 한다는 것이다.

그런데 어찌 보면 이런 청구서가 한국을 상대로 '노골적인 줄서기'를 요구하지 않는 상황을 만든 측면이 있다. 동업자의 재정적 부담을 강조하는 협상을 진행하면서 동업자 책임 강화까지 한꺼번에 요구하는 것은 협상에 어울리지 않기 때문이다. 돈을 더 받아내야 하는 상황에서 '일도 더 해줬으면 좋겠다'고 말하는 것은 돈을 더 받지 않겠다는 것과 마찬가지 얘기다. 그래서 트럼프 대통령은 주요 7개국G7 정상회의를 G11으로 확대하며 한국을 끼워 넣는 간접적인 방식으로 대중 견제에 한국의 동참을 요구하는 정도에 그쳤다.

하지만 바이든은 동맹 관계에 대해 트럼프와 정반대 입장에 서 있다. 바이든은 "트럼프 대통령이 동맹 관계를 훼손했다. 50% 인상을 요구하는 한국과의 방위비 분담금 협상은 '갈취'다. 대통령이 되면 한국을 비롯한 핵심 동맹들과 유대 관계를 더욱 강화할 것"이라고 말한다.

〈AP 통신〉이 "역사적으로 미국 외교 정책은 대통령 당적이 바뀌더라도 크게 변하지 않았다. 동맹국과 적대국은 그대로 남았고 초당파 외교관들은 미국의 이익을 추구했다. 하지만 트럼프 대통령의 등장은 이를 바꾸었다. 그는 '미국 우선주의 정책'으로 북한의 김정은 같은 적대 세력에 대해 따뜻하게 말하면서 동맹국과 외교 정책 수립을 모두 의심스럽게 봤다. 바이든이 미 대선에서 승리하면 미국은 트럼프 대통령이 취했던 외교 정책에서 가장 의미 있고 대담한 것 중 상당수가 뒤집히거나 폐기되고 축소될 가능성이 크다"고 전망하는 것도 같은 맥락이다. 주한 미군을 지지하는 전통적인 미국 입장으로 돌아간다는 것이다.

하지만 세상에 공짜는 없는 법. 바이든 정부의 청구서는 트럼프처럼 노골적이지 않고 은밀할 것이다. 돈을 더 받는 대신 아태 지역에서 중국을 압박하는 미국의 액션에 한국이 적극 동참해 주길 요구할 것이다. 그것 중 일부는 오바마 정부가 요구한 '사드 배치'만큼 덩치가 큰 것일 가능성도 있다. 미국과 중국 사이에서 실리만 챙기는 '균형 외교'가 어려워진다는 것이다.

대북 관계 개선에 사활을 걸고 있는 문재인 정부는 중국만이 북한을 움직일 수 있는 유일한 통로임을 잘 안다. 따라서 "중국 대신 미국의 편에 확실하게 서라"는 요구는 무척 곤혹스러울 것이다. 사드 사태 때 중국의 보복을 보면 한국에 미치는 경제적 파장이 만만치 않아 선택은 더욱 어려워진다. 따라서 바이든 집권 초기 한국 정부는 미·중 사이에서 줄타기를 하면서 상당한 시련을 겪을 공산이 크다. 게다가 바이든 집권기에는 미국과 중국의 갈등이 트럼프 시기 '무역·경제'에서 '인권·민주주의' 등 이념적 갈등으로 넘어갈 가능성이 커 한국의 입장은 더 난처해진다. '전략적 모호성'이 더는 통하지 않는 시기가 다가온다는 것이다.

산업연구원이 2020년 여름에 발표한 「2020년 미 대선 전망과 한국의 통상 환경에 미칠 영향」 보고서에서 "대중 무역 의존도를 낮출 필요가 있다"고 조언한 것 역시 같은 맥락이다. 산업연구원 보고서는 바이든 캠프가 "중국이 국유 기업 보조와 미국 기업 지식 재산권 침해를 통해 국제 무역 질서를 위반하고 있다고 생각한다. 트럼프 대통령이 자국 우선주의를 기초로 중국을 압박했다면 바이든 전 부통령은 국제 규범 준수란 수단을 사용할 가능성이 크다"고 전망한다.

이 과정에서 한국은 미·중 간 양자택일을 강요받을 가능성이 크기 때문에 미국 정치 상황 변화에 대비해 대중 무역 의존도를 낮춰야 한다는 것이다. 보고서를 집필한 문종철 산업연구원 연구위원은 "트럼프, 바이든 중 누가 대통령이 되든 대중국 압박은 지속될 것"이라며 "바이든이 당선될 경우 대중 의존도 축소를 통해 미국이 대중국 연대 강화를 요구할 때 유연하게 대응할 여지가 생긴다"고 조언했다.

바이든 집권하면
미북 관계는 도로 오바마?

바이든과 북한과의 설전

2019년 4월에 벌어진 일이다. 바이든은 필라델피아에서 열린 유세에서 이렇게 말했다. "우리는 푸틴이나 김정은 같은 폭군 tyrants, 독재자dictators를 용인할 수 있는 국민인가. 우리는 그렇지 않지만, 트럼프는 그렇다."

절대 존엄이 욕을 먹었는데, 북한이 이를 가만둘 리 없다. 사흘 뒤 〈조선중앙통신〉은 논평을 통해 이렇게 말했다. "바이든은 지능 지수가 모자라는 멍청이다. 푼수 없이 날뛰고 있다. 인간으로서 갖추어야 할 초보적인 품격도 갖추지 못한 속물이다."

이후 바이든의 TV 선거 광고는 트럼프 대통령이 푸틴과 김정은과 악수하는 장면을 보여주며 "독재자와 폭군들이 칭송받고 우리 동맹들은 옆으로 밀려났다"는 문구를 덧붙였다.

2019년 11월 아이오와주 유세에서 바이든이 김정은을 놓고 "이자는 자기 고모부 머리를 박살 내고 형을 암살한 인물이다"라며 "사회적인 가치란 것을 모르는 자"라고 비난하자 북한의 비난 수위는 한층 거세졌다. 또 등판한 〈조선중앙통신〉은 「미친개는 한시바삐 몽둥이로 때려잡아야 한다」는 제목의 논평을 냈다. 이 논평에서 북한은 "권력욕에 미쳐 입에서 구렝이(구렁이)가 나가는지 똥이 나가는지도 모르고 눈만 짜개지면 짖어대는 미친개 한 마리가 또 발작하였다"며 "바이든과 같은 미친개를 살려두면 더 많은 사람을 해칠 수 있으므로 더 늦기 전에 몽둥이로 때려잡아야 한다"고 비난했다.

또 논평은 "정치인으로서의 품격은 고사하고 인간의 초보적인 체모도 갖추지 못한 바이든이 얼마 전에 우리의 최고 존엄을 모독하는 망발을 또다시 줴쳐댄(지껄여댄) 것"이라며 "이런 모리간상배가 대통령 선거에서 두 번씩이나 미끄러지고도 사흘 굶은 들개처럼 싸다니며 대통령 선거 경쟁에 열을 올리고 있다고 하니 바이든이야말로 집권욕에 환장이 된 늙다리 미치광이"라고 썼다.

그래놓고도 분이 풀리지 않았는지 "치매 말기 증상까지 겹치어 제 놈이 섬기던 오바마의 이름마저 잊어먹고 '나의 상전'이라고 한 것을 보면 이제는 저승에 갈 때가 된 것 같다. 우리 최고 존엄을 감히 건드리는 자는 무자비한 징벌을 면치 못할 것이며, 세치 혓바닥 때문에 얼마나 처참한 후과가 빚어지게 되는가를 무덤 속에 가서도 똑똑히 보게 될 것"이라고 열을 올렸다.

바이든은 "북한으로부터의 비난은 훈장"이라며 신경도 쓰지 않는다는 투다. 앤드루 베이츠 바이든 캠프 신속대응국장은 성명을 통해 "트럼프는 평양의 살인 정권에 반복적으로 속으며 큰 양보를 하면서도 아무런 대가를 받지 못했다. 미국의 가치와 이익을 지켜온 바이든 부통령의 경력을 감안할 때, 북한이 트럼프가 백악관에 남아 있기를 바라는 것은 놀랄 일이 아니다"라고 밝히기도 했다. 한마디로 북한과 트럼프는 유착 관계라는 비난이다.

바이든 집권 때 미·북 정상회담을 기대하기 어려운 이유

민주당 정강위원회가 발표한 정강 정책 초안을 보면 북한의 비핵화 문제를 놓고 트럼프의 '톱다운' 방식을 문제 삼는 구절이 나온다. 민주당은 기본적으로 '동맹과 함께 그리고 북한과의 외교를 통해 북한의 핵 위협을 제한하고 억제한다'는 입장이다. 한마디로 바이든이 대통령이 되면 트럼프 대통령과 같은 깜짝 '미·북 정상회담'은 기대하기 어려울 가능성이 크다.

크게 두 가지 이유에서 그렇다. 첫째, 이미 트럼프 대통령에 의해 상상할 수 있는 카드가 쓰였다. 트럼프 대통령은 싱가포르에서 한 번, 하노이에서 한 번, 그리고 판문점에서까지 세 번이나 김정은을 만났다. 바이든은 이를 놓고 "만나기만 했지 이룬 성과는 전혀 없다"고 맹비난해왔다. 이런 상황에서 바이든이 대통령이 되어서 북한의 김정은 위원장과 깜짝 '일대일 미팅'을 추진하리라 상상하기는 힘들다.

트럼프와 김정은의 정상회담은 트럼프였기에 가능한 그림이었다. 워싱턴의 기존 외교 문법을 정면에서 거부한 것이었다. 그것은 마치 노회한 창업가가 회사의 발전을 위해 중요한 딜을 성사시키려고 상대하기 까다로운 사업가를 직접 만나 해법을 찾아보는 것과 비슷했다.

실무 간 협의는 오래 걸리고 의견 조율이 쉽지 않은 일이다. 위임받은 권한에 명백한 한계가 있어 협상의 최대치를 제시하기 어렵기 때문이다. 전 세계에서 협상하기 가장 어려운 나라로 꼽히는 북한을 상대로는 더욱 그러할 것이다. 실제로 하노이에서 열린 2차 회담 때 '영변 핵폐기'를 내민 김정은의 결단은 김정은이었기에 가능한 일이었고, 그럼에도 '그 카드를 받지 않겠다'며 김정은을 아연실색하게 만든 결정도 트럼프가 만들어낸 것이었다.

미국과 북한 간 서로 주고받을 수 있는 카드는 아직도 간극이 크다. 그걸 마지막까지 맞춰보기 위해 트럼프와 김정은은 해외에서 두 차례나 어려운 걸음을 했지만 입장 차이를 좁히는 데는 실패한 셈이다. 요약하자면 바이든이 김정은을 만난다고 해도 트럼프 이상의 결과물을 만들어내기는 쉽지 않다는 것이다. 바이든 입장에서는 실패 확률이 높은 '쇼'를 굳이 할 이유가 없다. 그것도 전임자가 세 번이나 해서 신선도가 떨어지는 카드를 재활용하기란 불가능한 일이다.

두 번째로 바이든은 '톱다운'보다 '바텀업Bottom-Up'이 낫다고 주장한다는 점이다. 바이든은 미국 상원의원 출신 중 외교에 가장 특화된 인물이라 할 수 있다. 상원 외교위원장을 무려 세 차례나 역임했다. 바이든은 연설을 통해 "미국의 외교 정책은 분명한 목표와 온전한 전략을 바탕으로 진행되어야 한다. 트위터로 하는 게 아니다"라고 강조한다. 또 "미국의 지도력과 외교는 신뢰에 바탕을 두어야 하는데 트럼프가 외교의 신뢰성을 크게 훼손했다"며 나는 "외교를 전문가에게 맡기겠다"고 말했다. 또 바이든은 북한에 대한 미국의 목표가 '비핵화denuclearization'라는 점을 강조했다.

그렇다면 바이든은 당선 이후 주변 전문가를 활용해 북한과의 대화를 시작해보려 할 것이다. 바이든 곁에는 누가 있는가. 힐러리의 참모였던 제이크 설리번, 수전 라이스 전 백악관 국가안보 보좌관, 오바마 행정부 시절 국무부 부장관을 지낸 토니 블링큰, 오바마 행정부에서 국무부 정무차관을 지낸 웬디 셔먼, 국무부 동아태차관보를 했던 커트 캠벨 등이 바이든을 보좌하고 있다. 이들 중 누군가에게 북핵 협상의 키가 주어질 것이다.

이들이 바이든에게 전권을 위임받고 북한의 실무자와 만날 거라 기대하기는 힘들다. 바이든은 "외교는 신뢰에 바탕을 두어야 한다"고 말했고 민주당 역시 "동맹과 함께 그리고 북한과 외교를 통해 북한의 핵 위협을 제한하고 억제한다"고 밝히고 있다. 그렇다면 북핵 협상을 위해 이들이 취할 스탠스는 분명하다. 한국과 일본, 중국과 러시아 등 주변 국가와 함께 북한을 테이블로 불러내자고 제안할 것이다.

오바마의 '전략적 인내'가 반복될 가능성

바이든 정부의 초기 한반도 파트너가 될 문재인 정부는 북한과의 화해 기조를 국정 운영의 기본 철학으로 삼고 있다. 당연히 북한과의 대화를 위해 적극적으로 역할을 하려 할 것이다.

❯ 바이든이 집권한다면 오바마의 대외 정책 기조를 대부분 이어갈 것으로 예상된다.

그렇다면 바이든 행정부는 이렇게 물을 것이다. '우리는 장기적으로 북한의 비핵화를 원한다. 이를 위해 북한은 얼마나 준비가 되어 있는가.' 문재인 정부는 북한과 미국을 중재하기 위해 여러 가지 방안을 내놓을 것이다. 하지만 김정은 위원장이 트럼프를 두 번째 만난 자리에서 꺼내놓은 '영변 핵 폐기' 이상의 것을 실무자 간 대화에서 꺼내놓기란 현실적으로 힘들다. 이런 협상은 정상과 정상 간의 만남, 즉 트럼프와 김정은이 만난 자리에서나 가능한 일이다.

그러므로 미국과 북한의 카드는 맞춰지지 않고 미국은 '북한이 아직 준비가 되어 있지 않으니 준비가 될 때까지 좀 기다려보자'며 한 발 물러설 가능성이 크다. 바이든 캠프 역시 '북한의 비핵화'가 국정 목표라고 표방하기에 북한이 핵을 포기하지 않는 한 대북 제재 수위를 북한이 만족할 정도로 확 낮추기 어려울 것이다. 이것은 오바마 행정부가 8년간 들고 나왔던 '전략적 인내 strategic patience'와 크게 다를 게 없다. 그러다 보면 시간만 시나브로 흐르고 초조해진 북한은 과거 미국을 끌어냈던 도발 행위를 재개할 가능성이 크다. 이후에는 미국과 북한은 갈등 상황으로 치달으며 좀처럼 접점을 찾지 못할 것이다.

한 가지 다른 점이 있다면, 오바마 정부 당시 한국 정부는 북한과의 협상에 별 관심이 없었지만, 바이든 정부 때 문재인 정부는 북한과의 관계 개선에 어마어마한 에너지를 분출하리라는 것이다. 한국이 여러 가지 카드를 만들어와 미국의 행동을 촉구할 가능성이 있다. 하지만 비핵화를 바라보는 북한의 관점에 변화를 주기란 근본적으로 어렵기 때문에 북한과 미국과의 관계는 트럼프 이전으로 회귀할 공산이 크다고 하겠다.

게다가 바이든 입장에서 북한 비핵화는 미국이 해결해야 할 여러 가지 문제 중 우선순위라고 볼 수도 없다. 트럼프 대통령이 북한과의 정상회담 이벤트를 여러 차례 써먹었기 때문에 역설적으로 바이든은 이를 후순위로 미뤄둘 가능성이 크다. 트럼프처럼 '쇼나 하는 사람'이라는 오해를 받고 싶지 않기 때문이다. 북한과의 협상이 그렇게 간단히 끝나지 않을 거란 것도 잘 안다.

2020년 7월 문정인 대통령 통일외교안보 특별보좌관이 CBS라디오 인터뷰를 통해 "우리 입장에서 보면 바이든 후보가 대통령이 된다면 (남북 관계에) 부정적"이라고 밝힌 것도 같은 맥락이다. 문 특보는 이날 "바이든 후보를 둘러싸고 있는 참모들은 대부분 오바마 행정부 때 일했던 사람이다. 그들은 전략적 인내 정책을 전개했다"며 "그렇게 본다면 바이든 후보가 대통령이 되면 북한 문제를 풀기가 어렵지 않느냐라는 부분이 있다"고 말했다. 그는 다만 "지금 바이든 후보는 동맹을 중요시하겠다고 했는데, 그렇다면 한국 정부의 말을 많이 들을 수도 있고, 어떤 방향을 바꾸는 데 우리 정부가 역할을 할 수 있는 게 아니냐는 느낌이 든다"
면서 "과거 클린턴 행정부 때 김대중 대통령하고 클린턴 대통령
이 관계가 상당히 좋았다. 그러면서 페리 프로세스가 나왔고 그
걸 통해서 남북 정상회담도 열린 바가 있기 때문에 하여간 지켜
봐야 할 것 같다"고 여지를 열어놓기도 했다.

　이런 복합한 정세를 북한과 미국도 알고 있는 듯하다. 김여정
노동당 제1부부장은 2020년 7월 "미국은 대선 전야에 아직 받지
못한 크리스마스 선물을 받게 될까 봐 걱정하고 있을 것"이라고
말하며 이는 "전적으로 자기들이 처신하기에 달려 있다. 우리를
다치게 하지만 말고 건드리지 않으면 모든 것이 편하게 흘러갈 것
이다"라고 전했다. 한마디로 미국 대선전에 북한 측이 먼저 군사
적 긴장감을 조성하지는 않겠다는 뜻이다.

　또 현재 북미 사이에 군사적 긴장이 생기지 않는 이유를 놓고
"우리 위원장 동지와 미국 대통령 간의 특별한 친분 관계가 톡톡
히 작용한다는 생각이 들기도 한다. 위원장 동지는 트럼프 대통
령의 사업에서 반드시 좋은 성과가 있기를 기원한다는 자신의 인
사를 전하라고 하셨다"고 밝혔다.

　이는 트럼프 대통령의 대선 승리를 바란다는 의미로 강하게 해
석되는 부분이다. 트럼프 대통령은 김 위원장을 자신의 '친구'라
고 얘기하며 여러 차례 친분을 드러냈다. 북한 입장에서는 세 차

례나 만나 대화 진전 가능성이 있는 트럼프가 바이든보다 훨씬 협상하기 쉬운 관계다. 정상과 정상과의 만남 형태로 큰 카드를 주고받을 수 있기 때문에 성과를 내기도 편하다.

트럼프 대통령 역시 2020년 8월 열린 기자회견에서 "우리가 (대선에서) 이기면 이란과 매우 신속하게 협상할 것이고 북한과도 매우 신속하게 협상할 것"이라고 말했다. 그는 "2016년 선거에서 내가 이기지 않았다면 우리나라는 지금, 어쩌면 지금쯤 끝날 북한과의 전쟁 중일 것"이라며 "그것은 매우 심한 전쟁이었을 것"이라고 말하기도 했다. 한마디로 본인만이 북한을 협상 테이블로 끌어낼 수 있는 유일한 후보라는 자신감을 표현한 것이다.

한국에 대한 바이든의 생각들,
그는 이렇게 말했다

조 바이든은 부통령 시절 한국을 한 차례 방문한 바 있다. 2013년 12월, 일본과 중국에 이어 마지막 순방지인 한국을 찾아 2박 3일간 체류했다. 그는 박근혜 전 대통령과의 회담, 용산 전쟁기념관 헌화, 비무장지대DMZ 방문 등의 일정을 소화했다.

그는 박 전 대통령과의 회담을 끝내고 연세대학교를 찾아 체육관에서 연설을 한 차례 했다. 40여 분간 이어진 긴 연설이었다. 바이든이 한국을 어떻게 생각하는지 알기 위해 이 연설만큼 좋은 것은 없을 것이다. 그래서 요약한 내용을 소개한다.

마침 이때는 남아프리카공화국의 넬슨 만델라 전 대통령이 타계한 시점이었다. 바이든은 만델라와의 일화를 통해 연설을 시작한다.

변화가 빠르게 일어나고 있는 이 시대에는 넬슨 만델라 같은 사람들이 필요하다. 만델라는 한 나라를 자유로 이끌었다. 지혜와 용기를 갖고 있던 사람이고 가장 소유하기 어려운 용서란 걸 아는 사람이었다.

만델라가 감옥에서 풀려났을 때 내 사무실을 방문했다. 독방에 그렇게 오래 있었는데 분노하지 않았느냐고 물었는데, 수감된 동안 간수들과 좋은 친구가 됐다고 답했다. 만델라는 그 사람들(간수들)은 자신의 일을 하고 있었을 뿐이라며 떠날 때 간수들과 줄지어 악수하고 좋은 말을 해줬다고 말했다. 모두에게 보여준 만델라의 업적. 만델라의 업적은 남아프리카공화국에만 국한된 게 아니다. 넬슨 만델라에 묵념하는 시간을 갖자.

아시아태평양 지역의 21세기 세계 질서가 재편되고 있다. 환태평양 국가는 그동안 눈부신 경제 성장을 해왔다. 이 같은 성장과 함께 긴장도 닥치고 있다. 이것은 우리가 닥친 항구적인 위협을 능가하는 것이다.

올 초 나는 박근혜 대통령이 미 상원 합동의회에서 연설하는 걸 들었다. 그는 연설에서 열정적으로 훌륭한 얘기를 했다. 양국에 대한 비전과 한국과 미국 관계 얘기를 했다.

박근혜 대통령은 한반도 평화, 동북아 협력 그리고 세계적 협력으로 가는 공동의 여정이라는 비전을 말했다. 우리는 그것을 하고 있다. 이미 시작했다.

그리고 이것은 단순한 가정이 아니라 사실에 기반한 것이다. 우리 미국은 이 여정으로 가는 길에 대한민국보다 더 훌륭한 동반자를 만날 수 없을 것이다. 이제 버락 오바마와 나의 비전에 대해 말하고자 한다.

지난 60년간의 한국은 가난한 나라에서 부자 나라로 성장했다. 고립된 나라에서 세계 경제에 통합된 나라로 진전했다. 전체주의 나라에서 민주주의 나라로 변신했다. 그동안 여러분의 부모는 무엇을 했나. 그분들은 바로 여기 모인 당신에게 투자한 것이다. 그들은 한국인에게 투자한 것이다. 엘리트가 아니라 보통 사람에게 투자한 것이다.

미국인이 아는 것처럼 여러분의 부모도 그걸 알고 있었다. 보통 사람은 비범한 일을 할 수 있다. 모두에게 기회를 준 것이다. 국가는 자유를 보장해주고 당신들 부모는 교육에 투자했다. 그리고 경제를 경쟁 체제로 개방했다.

한국 경제는 개방됐고, 그 결과는 '한강의 기적'이었다. 전 세계가 다 알고 있는 스토리다. 이제 혼란에서 빠져나오는 국가들이, 전체주의를 버리고 세계로 나오는 국가들이 한국을 닮고자 한다. 그동안 미국과 한국은 함께 갔다. 동맹도 진화했다.

우리의 동맹은 우리 병사들이 흘린 피와 땀과 눈물로 만든 동맹이다. 60년 전 이들은 나란히 서서 한국을 수호하기 위해 노력했다.

오늘날까지 미국인들은 매년 한국을 위해 수십억 달러를 들여 동맹을 유지하면서도 아무 불평도 하지 않고 한국을 보호하고 있다. 2만 8,500명의 미국 병사들이 한국 병사와 어깨를 나란히 하고 보초를 서고 있다. 아무 불평도 없이 말이다.

내 아들도 미군에 입대했다. 그리고 많은 자녀가 이라크로 파병 됐다. 한국에서도 이라크로 파병을 갔다. 어려운 일이지만 우리에게 필요한 일이고 국익에 도움이 되기 때문이다. 나의 아들 나이인 여러분이 다 파병이 된다고 생각해봐라. 3만 명이 넘는 지금 이 자리에 모인 사람들이 말이다. 그 미국 부모님들은 자식을 한국에 파병해서 한국을 수호하고 있는 것이다.

그래서 사람들이 우리의 지구력에 대해 의심할 때는 불쾌하기 까지 하다. 우리는 공동으로 국내외의 민주주의를 위해 헌신한 다. 우리의 아이들을 교육해서 훌륭한 사람으로 키워내고 있다. 이같이 훌륭한 대학에서, 그리고 미국에서 여러분 같은 훌륭한 학생들이 유학하고 있다. 이것은 바로 우리의 경제적인 파트너십을 믿고 있기 때문이다. 때로는 어려움이 있지만, 이는 양국 국익에 부합한다. 앨라배마에서도 경제적 협력을 하고 있다. 우리 조부모들이 부모들이 희생한 것으로 일군 것이다. 오바마와 나는 진심으로 최초로 한국 출신의 성김 대사를 지명한 것을 자랑스럽게 생각한다.

우리의 동맹은 아태 지역 안보와 평화를 위해 필수적이다. 몇년 전에 베이징에서 이런 얘기를 들었다. 미국은 지금 태평양 국가라는 얘기였다. 태평양 일대에 군대를 주둔하고 있는 태평양 국가다. 미국은 어디도 가지 않는다. 한반도에서도 나란히 보초를 서고 있다.

한국 해군이 아프가니스탄, 소말리아에서 일하고 있다. 이런 것들은 단순히 안보 차원에서만은 아니다. 한국과 미국은 전 세계적으로 질병, 문맹, 기아에 맞서 싸우고 있다. 여성의 인권을 높이기 위해 힘쓰고 있다. 얼마 전 필리핀에서 있었던 한국의 구호도 마찬가지다. 한국은 전 세계 여러 국가에서 구호 금액을 증액시킨 유일한 나라였다. 우리는 이걸 잊지 않을 것이다.

한국과 재미 교포들은 지도자 위치에 있다. 김용, 반기문 등 많은 지도자를 배출했다. 곧 동계올림픽도 열린다. 10월은 한미 동맹 60주년이 된다. 우리의 지난 60주년은 대단했다. 60년은 사람 나이로 치면 거의 평생이다. 정말 대단한 시간이었다. 지금까지 성과도 대단하지만 앞으로 60년은 더 대단한 성과를 만들 것이다. 약간의 희생을 통해서다.

우리가 공동으로 평화롭고 번영하는 태평양 지역을 만드는 게 중요하다. 그래서 우리 행정부에서는 '아시아 재균형' 방침을 채택했다. 경제·외교·군사적으로 태평양 세계를 함께 주도하기 위해 필요한 관심과 자원을 투입하겠다는 것이다. 미국 국민은 양국 동맹을 강화하기 위해 전부를 걸었다. 태평양 일대에서 새로운 협력국을 발굴하고 중국과 건설적인 관계를 만들고 주요 경제 합의를 추구하며 '통합의 경제'의 길로 가기 위해 노력할 것이다.

여러 아태 지역 기구가 있다. 동아시아정상회의, 아세안ASEAN, 아시아태평양경제협력체APEC 등에 참여하고 이를 강화하는 데 우리는 헌신하고 있다. 우리의 지구력에 대해 의심하는 사람이 있어서는 안 된다.

다른 나라도 마찬가지다. 일본인에게 물어봐라. 미·일 상호 방위조약이 힘을 더하고 있다. 필리핀에 물어봐라. 최근 필리핀에는 큰 태풍이 지나갔는데 미국 해병대의 지원을 받아 이겨내고 있다. 지금 내 아들 헌터 바이든도 비행기를 타고 필리핀을 가고 있다. 내 아들을 자랑스럽게 생각한다. 많은 젊은이에게 도움을 주기 위해 갔다.

미얀마에 물어봐라. 미얀마는 그들 국가 방향을 바꿀 때 미국의 도움을 필요로 했다. 미얀마인의 더 나은 미래를 위해서였다. 재균형은 경제 성장에서 시작한다. 그게 생명선이다.

유럽 친구들이 미국이 아시아 재균형 전략을 얘기할 때 의구심을 가졌다. 미국의 전략에서 우리(유럽)는 빼는 것이냐고 물었다. 우리는 빼는 게 아니라 더하는 것이라 했다. 아시아에 헌신을 추가하는 것이다.

우리가 원하는 것은 개방된 경제 체제다. 모두가 성장할 수 있는 체제다. 이를 위해서는 평화가 필요하다. 경제 발전을 이뤄낸 것은 물리적 안보가 전부가 아니다. 교육 장벽을 허물어야 한다. 지적 재산권을 보호해야 한다. 모든 기업에 똑같이 적용되는 규정이 필요하다. 자국과 타국에게 똑같이 적용되는 규정 말이다. 양국 간의 교역 규모는 놀랄 만하게 증가하고 있다. 이는 더 많은 고용을 의미하고 더 많은 사람이 중산층의 삶을 즐길 수 있게 되었다는 걸 의미한다.

지금은 완전히 이행되고 있기 때문에 우리의 교역량은 더 늘어날 것이다. 아직 할 일이 많다. 우리는 핵심 부문에서 교역을 가로막았던 관료제를 허물어야 한다. 농업 분야 같은 것을 말한다. 2차 세계대전이 끝나고 우리 조부모들은 새로운 규범들을 세웠다. 그래서 이를 통해 새로운 경제 체제가 생겨났다. 브레튼우즈 체제, WTO 등이 있다.

이제 세상이 바뀌었다. 세계는 이전과 다른 색깔을 가지고 있다. 조부모 세대에서는 세계 경제를 이야기는 했지만, 그것에 대해 잘 몰랐다. 하지만 이제는 7세짜리 손녀가 PC 앞에 앉아서 신용카드를 들고 국제 쇼핑을 하는 시대다.

공정한 노동 기준, 환경 등에 대한 더 많은 관심이 필요하다. 여러 국가가 환경 보호를 하기 위해 노력하고 있다. 베이징에 며칠 전에 있었는데 10년 전, 5년 전만 하더라도 청정한 공기에 대한 이야기는 할 수 없었다. 하지만 400만의 인구가 대기 오염으로 죽어가고 있는 실정이었다. 그곳에 머무는 이틀 동안 해를 볼 수 없었다는 사실은 참 인상 깊었다. 우리가 중국과 함께 가장 양자적으로 협력하고 있는 것은 친환경 에너지와 관련된 부분이다. 그리고 탄소량을 줄이기 위한 노력이다. 세계가 변했다는 것이 가장 중요한 점이다.

경제적으로 우리가 바라는 모든 것은 다 안보에 의존하고 있다. 그리고 이것은 대한민국·일본·호주·필리핀·태국 등 우리 동맹국들에서 나온다. 우리는 동맹 근대화를 통해서 21세기 새로운 요구에 부응하기 위해 힘쓰고 있다. 그리고 우리 동맹국 간에 해결 제고를 촉진하고 있다.

▶ 바이든은 부통령 재임 중이던 2013년 12월, 한국을 방문해 연세대학교에서 연설했다.

만약 지역 내 두 민주주의 지도 국가인 한국과 일본이 관계를 개선하고 협력을 확대한다면 더 안정적이고 안전한 지역이 될 수 있다. 동맹국들과 함께, 아세안과 함께 미국이 새로운 안보 협력 관계를 구축해 해상 안보, 비확산, 재난 구호 등 신생 과제에 힘쓰고 있다.

우리는 또한 미·중 관계를 올바르게 수립하기 위해 힘쓰고 있다. 우리는 올바른 기준이 필요하다. 그리고 긍정적이고 건설적인 미·중 관계를 유지하는 것은 모두의 이해관계에 부합한다. 이런 것들은 어디에도 쓰여 있지 않다.

경쟁을 하게 되면 결국은 충돌로 이어질 수밖에 없다는 얘기가 있지만 난 이 부분을 믿지 않는다. 물론 경쟁은 있을 것이다. 하지만 대통령과 나는 중국과의 충돌이 불가피하다는 부분에 대해서는 믿지 않는다. 우리는 과거의 패턴을 반복하지 않을 것이다. 그렇게 하기 위해서는 직접적이고 직설적이고 굉장히 솔직한 토론이 서로 간에 필요하다.

난 굉장히 솔직한 사람이다. 항상 내 생각대로 이야기하는데, 의도에 대해서 조금 오해받는 경우도 있다. 여기에 국제 관계를 공부하는 사람도 있을 것이다. 그런데 모든 정치라는 것이 다 개인적이다. 이런 것들이 다 신뢰에 기초하고 있기 때문이다. 신뢰라는 것은 우호적인 것이 아니라 개인적인 그리고 솔직한 관계에서만 생겨날 수 있다. 그 사람의 의도가 무엇인지 의심하지 않고 믿을 수 있어야 한다는 것이다.

이런 내용에 대해서 중국 지도자들과 수 시간에 걸쳐 이야기를 나누었다. 나는 매우 직설적으로 중국이 급작스럽게 새로운 방공 식별 구역을 발표한 것과 관련해서 우려를 표했다. 이 발표를 통해서 이 지역 전역에 많은 불안이 야기됐다. 그래서 나와 대통령은 새로운 방공 식별 구역을 인정하지 않을 것이며 그로 인해서 우리의 작전에 영향을 받지 않을 것임을 분명히 했다. 그리고 중국이 긴장을 고조하는 조치를 하거나 상황을 확대할 것을 기대하지 않는다는 점 또한 분명히 했다. 그리고 나는 우리 동맹에 대한 헌신이 굳건하다는 점을 확실히 밝혔다.

의도했던 충돌보다 더 나쁜 것은 의도되지 않은 충돌이라는 이야기가 있다. 실수와 오판의 리스크라는 것은 매우 실존적이다. 이 지역 전역에 있는 국가들은 그 지역이 동중국해이든 남중국해이든 수용 가능한 것에 대해서 공통의 이해를 세워야 한다. 위협이나 강압은 용인되지 않을 것이다. 실수와 오판의 리스크라는 것을 줄여야 한다.

미국과 한국뿐 아니라 전 세계 국가들을 하나로 규합하는 한 가지의 이슈가 있는데 이것은 바로 북한의 핵미사일 프로그램에 의한 명백하고도 현존하는 위협이다. 이 부분에 대해서 가장 잘 알고 있는 사람들은 한국 국민일 것이다. 미국은 우리와 우리 동맹국들을 북한의 도발로부터 지키기 위해 어떤 일도 할 준비가 되어 있다는 점을 의심하지 말아야 한다. 미국과 전 세계는 분명하게 김정은에게 알려야 한다. 우리는 핵으로 무장한 북한을 받아들이지 않을 것이다. 이것이 일본이든 중국이든 한국이든 다 같이 동의하는 부분이다. 내가 만났던 모든 지도자에게서 북한의 비핵화를 달성하기 위한 결심을 재확인했다. 나쁜 행동을 추구하는 것에 대해서 보상을 하는 패턴으로 돌아가서는 안 된다.

6자회담을 조성하기 위해서는 검증 가능하고 돌이킬 수 없는 비핵화를 이뤄내야 한다. 북한은 핵무기를 추구하는 한 안보와 번영을 누릴 수 없다. 단순히 무기에만 그치는 이야기는 아니다. 우리는 북한과 한국의 모든 사람이 똑같이 존엄을 누릴 자격이 있다는 점을 잊지 않을 것이다. 우리는 한국의 영구적인 분단을 받아들이지 않을 것이다.

이산가족이 상봉해서 하나가 되고 하나의 한국이 되는 날 그리고 전 세계적으로 이 지역에서 평화와 번영을 주며 우리가 공유하는 가치를 실현하는 날, 언론의 자유와 민주주의적인 이런 가치들이 바로 21세기에 우리가 추구해야 하는 것들이다.

최근에 나는 싱가포르에 갔다. 여름 끝 무렵에 방문했다. 리콴유 전 총리와 만났는데 그는 92세였고 굉장히 몸이 좋지 않은 상태였다. 하지만 정신만큼은 아주 총명했다.

중국과 다른 국가의 정세에 대해서 물었는데, 굉장히 정확한 영어로 이렇게 말했다. 오히려 그들은 미국이라는 블랙박스 안에 무엇이 있는지를 알고 싶어 한다. 그래서 블랙박스가 뭐냐고 했다. 그는 데이터를 리코딩하는 그런 장비를 말하는 것이라고 했다. 그 블랙박스에 바로 비밀이 있다는 것이다. 미국이 계속적으로 탈바꿈을 할 수 있는 그 비밀이 블랙박스에 있다는 이야기를 했다.

그래서 총리에게 이렇게 얘기했다. 두 가지 비밀이 있다고 말했다. 첫 번째는 우리는 이민자들의 나라라는 점이다. 이를 통해 끊임없이 활력을 찾고 있다고 말했다. 서로 다른 문화와 지역, 인종이 들어오는 것이 우리의 힘이라고 말했다.

미국 학생들은 통설에 도전할 때 칭찬을 받지 야단을 맞지 않는다는 이야기가 있다. 우리가 가장 혁신적인 국가로 남을 수 있는 이유 중 하나는 이전 모델을 부수기 위해서 새로운 모델을 만들기 때문이라는 이야기도 했다. 끊임없이 이민자들이 쏟아져 들어오기 때문에 미국은 이런 것들이 가능하다는 이야기를 한 것이다.

예를 들어서 내 사무실에 있는 여성분 중 서울에서 태어난 사람이 있다. 부모님이 미국으로 이주하신 분들이다. 이 직원의 태도는 굉장히 긍정적이고 활기에 넘친다. 때로는 움츠릴 때도 있지만 1978년 이후로 미국은 항상 많은 사람을 받아들이고 환영했다.

그 블랙박스 안에 있는 두 번째는 통설에 도전하는 사람들에게 굉장히 높은 프리미엄을 준다는 것이다. 저 모델을 수용하지 않겠다고 이야기할 때 비판을 받지 않는다는 것이다.

미국은 다시 돌아왔다. 한국과 다른 국가들처럼 경기 후퇴로부터 되살아나고 있다. 그리고 우리는 경쟁을 하기 위한 준비가 되어 있다. 우리는 지난 44개월간 780만 개의 일자리를 만들었다. 적자도 절반으로 줄였다.

2022년까지 북미는 에너지 독립을 유지하게 될 것이다. 2030년까지 미국은 완전하게 에너지 독립을 유지할 수 있다. 우리는 전 세계 최대 천연가스 생산국으로 등극했다. 사우디아라비아와 러시아도 포함해서 말이다.

넬슨 만델라의 교훈을 돌아보면서 마치고자 한다. 오늘 돌아가신 훌륭한 분이다. 그분은 인간의 잠재력에 대해서 큰 가르침을 줬다. 어떤 냉소주의의 한계도 받아들이지 않으셨던 훌륭한 분이다.

이것이 바로 우리 국가의 역사다. 바로 어떤 것이라도 불가피하다고 수용하지 않는 것이다. 절대적으로 이에 대해서 받아들이기를 거부하는 것이다. 어쩌면 과거에도 못했고 앞으로도 못할 수 있겠지만 더 완벽한 그리고 더 평화롭고 안전한 세계를 만들겠다는 그런 결의를 말한다.

나는 앞으로의 미래는 개방된 사회 그리고 여성들이 남성들과 동등하게 처우를 받는 그런 국가에 달려 있다고 생각한다. 문화나 종교, 어떤 주장에 의해서도 차별을 받아서는 안 된다고 생각한다. 내 손자, 손녀들은 자기가 할 수 있는 모든 잠재력을 펼칠 수 있어야 한다.

미국에 크리스토프라는 작가가 있다. 이 사람은 여성들을 언급하면서 여성들이야말로 희망이라는 이야기를 한 적이 있다. 나보다 훨씬 더 똑똑한 이 친구는 여성이야말로 굉장히 풍부한 상상력, 뛰어난 역량을 가지고 있는 그런 사람들이라고 했다. 우리 국민의 절반이라고 말했다.

내가 어디에서 태어났느냐에 의해서 내 미래가 결정되어서는 안 된다. 내 피부색에 의해서 결정되어서도 안 된다. 내가 무슨 생각을 하느냐에 의해, 내 가슴이 무엇을 생각하고 있느냐에 의해 결정되어야 한다.

미국과 한국은 오랜 시간 동안 동지애를 가지고 나아갈 것이다. 단순한 경제적인 부분이 아니다. 정치적 그리고 전략적으로 서로를 필요로 한다. 바로 우리가 공유하고 있는 공동의 가치에 기반한다. 그래서 여러분의 미래는 밝다고 믿는다.

바이든의 연설을 통해 본
동북아시아의 미래

환태평양 국가들과의 협력 강화

먼저 바이든의 연설 중 가장 먼저 주목해야 할 점은 끊임없이 한미 동맹에 대해 강조한다는 것이다. 그의 담화 중 "오늘날까지 미국인들은 매년 한국을 위해 수십억 달러를 들여 동맹을 유지하면서도 아무 불평도 하지 않고 한국을 보호하고 있다"는 부분을 눈여겨 읽어야 한다. 이는 끊임없이 분담금을 올리기 위해 협상을 강행하는 도널드 트럼프 대통령과는 완전히 상반된 전략이다.

즉 바이든은 집권 이후 트럼프 정부 내내 유지되던 주한미군 방위비 협상을 조기에 없던 일로 종결지을 가능성이 매우 크다. 그는 "(동맹을 향한 미국의) 지구력에 대해 의심할 때는 불쾌하기까지 하다"는 표현을 쓰며 강한 어조로 동맹의 중요성을 강조한다.

바이든이 "아시아태평양 지역의 21세기 세계 질서가 재편되고 있다"고 발언한 것은 다분히 중국을 겨냥한 발언이다. 그는 동아시아정상회의, ASEAN, APEC 등의 기구를 언급하며 다자간 협력을 통해 환태평양 국가들이 협력해야 한다고 선언했다.

또 하나 주목할 점은 태평양 일대에서 새로운 협력국을 발굴하겠다는 선언이다. 그리고 미·일 상호방위조약을 예로 들어 미국과 일본의 끈끈한 협력을 강조하고 필리핀 태풍 구호를 위해 아들이 필리핀을 가고 있다는 발언까지 하며 미국이 아시아에 엄청난 공을 들이고 있다는 점을 강조한다.

물론 이는 버락 오바마 정부 시절 '아시아 재균형' 정책을 알기 쉽게 설명하기 위해 꺼낸 얘기지만, 바이든이 바라보는 세계관이 이때와 많이 달라졌다고 보기는 힘들다. 결론은 아시아에서 어떻게 효과적으로 중국을 견제하느냐에 달려 있다.

지금까지 미국은 동맹에 기대지 않고 미국과 중국 일대일 구도로 자존심 싸움을 벌여왔다. 포커판에서 다른 상대를 두지 않고 상대와 일대일로 마주 보며 베팅을 하는 식이다. 이런 식으로 이길 확률이 높다고 생각하면 포커에서 승리했을 경우 승자에게 따르는 보상은 그 어느 때보다 크다.

트럼프 대통령은 '미국을 더욱 위대하게'라는 슬로건을 들고 당선됐다. 그는 미국에게 더 많은 이익이 돌아가는 걸 원하는 미국인이 선택한 리더다. 미국이 돈도 안 되는 전 세계 오만가지 일에 일일이 개입하며 심판 역할을 하는 것에 넌더리를 내는 사람들이 트럼프를 지지했다.

트럼프는 차세대 패권을 노리는 중국을 임기 내 먹잇감으로 찍었고 다른 동맹의 힘을 빌리지 않고 '개인 플레이'로 중국을 제압하겠다고 나선 사람이다. 미·중 무역 분쟁이 한창인 가운데 다수의 동맹국을 상대로 '방위비 협상'에 들어간 것은 동맹의 힘에 크게 의지할 필요 없이 중국을 홀로 제어할 수 있다는 생각을 하는 것으로 분석할 수 있다.

중국을 무너뜨린 전리품은 작게는 트럼프 행정부, 넓게는 미국 전체가 홀로 공유할 수 있다는 것이다. 〈WSJ〉가 "트럼프 정부는 양자 협상과 보복과 맞보복 방식tit-for-tat의 무역 전쟁을 통해 중국과 관계를 맺는다"고 분석한 것은 매우 정확하다.

하지만 바이든은 중국을 제압하겠다는 목표는 가지고 있지만 이를 달성하기 위한 수단은 사뭇 다를 것으로 보인다. 포커판에 친구들을 끌어들여 밑천을 조금씩 대주고, 이들이 날리는 잽을

▶ 부통령 재임 중에 일본을 방문한 바이든.
바이든은 아시아에서 동맹 관계를 강화해 중국을 압박하는 외교 전략을 취할 것으로 보인다.

기반으로 중국의 빈틈을 끊임없이 노리겠다는 것이다. 특히 중국이 아태 지역에서 주변국과 마찰을 일으키며 분쟁을 만들고 있기 때문에 미국 입장에서는 중국을 공략할 '명분'을 동맹 국가를 통해 찾을 수 있다.

새로운 협력국으로 떠오르는 베트남

바이든이 연세대학교에서 한 연설에서 밝힌 "태평양 일대에서 새로운 협력국을 발굴하겠다"는 계획과 관련해서는 현시점에서 베트남이 새로운 파트너가 될 확률이 높다.

베트남은 2019년 미·북 2차 정상회담을 하노이에 유치했다. 물론 미국과 북한 양국이 수용할 수 있는 나라를 좁히다 보니 베트남이 선택된 측면도 있지만, 베트남은 정상회담을 자국에 유치하기 위해 적잖은 공을 들였다. 다낭, 하노이 등 복수 후보를 내밀며 베트남이 최적지라는 점을 물밑에서 홍보했다.

베트남의 최대 투자국은 한국과 중국 그리고 일본이다. 미국을 비롯한 서구권 큰손 자본은 아직 베트남에 입성하지 않은 상황이다. 베트남 경제가 한 단계 더 도약하려면 큰손들의 입장이 필수적이다. 전 세계 이목이 몰리는 초대형 이벤트를 베트남에 유치하면 특히 종주국 중 하나인 미국을 상대로 대대적인 국가 홍보 효과가 있을 것으로 베트남은 예상했다. 물론 정상회담이 결실하지 못한 상태로 종결돼 예상만큼의 '빅 이벤트'가 되지는 못했지만, 베트남 입장에서는 소기의 성과는 거둔 것으로 보인다. 미국을 상대로 적잖은 세일즈 효과를 거뒀다는 것이다.

베트남의 외교 전략은 이미 중국 대신 미국을 택한 것이라 봐도 무방하다. 미국 주도로 2년에 한 번씩 열리는 세계 최대 규모 다국적 해상 합동 훈련 '림팩RIMPAC'이 있다.

이 훈련은 'Rim of the Pacific Exercise'를 줄인 말로 주최국은 미국이다. 1990년부터 시작되었는데, 한국은 1990년 초창기부터 미국, 일본, 영국, 캐나다, 오스트레일리아와 함께 훈련에 합류했다. 중국의 부상 이후 이 훈련은 아시아 일대에서 미국의 해군력을 강화하기 위한 수단으로 여겨진다. 일본도 동아시아 해상 지배력을 강화하기 위한 수단으로 이 훈련을 적극 활용하고 있기도 하다.

베트남은 2018년 처음으로 이 훈련 참가 요청을 받고 림팩을 수락했다. 미국과 베트남은 1970년대 피를 흘리며 전쟁을 했던 나라다. 그런데 이제는 과거를 잊고 어깨를 맞대며 함께 훈련하는 나라가 된 것이다.

2018년 미국은 중국 역시 훈련에 초청했다가 나중에 이를 철회했다. 명분은 남중국해 영유권을 주장하는 중국의 행보에 반대한다는 것이었다. 남중국해에서 중국과 치열한 영토 분쟁을 벌이는 대표적인 나라가 베트남이다. 베트남이 중국이 초대받지 않은 2018년 림팩에 참여를 결정한 것은 국익을 위해 중국 대신 미국과 친해지겠다고 천명한 것이라는 분석이다.

2020년 트럼프 행정부 체제의 미국은 림팩에 중국을 아예 초대하지도 않았다. 이 훈련이 생긴 취지 자체가 미국이 중국을 견제하기 위한 것인데, 중국이 들어오는 것 자체가 난센스라는 평가도 나온다.

바이든이 부통령이던 2016년, 오바마 미국 대통령은 베트남에 공격용 무기 판매를 금지하던 조치를 해제했다. 트럼프 대통령은 베트남을 '협력적 해양 파트너'로 부르고 있다.

특히 미·중 무역분쟁으로 미국과 중국 간 관계가 전례 없이 악화된 2020년에 베트남이 림팩에 참여한 것은 멀리 있는 미국과 친해져서 가까이에 있는 중국을 견제하겠다는 '원교근공遠交近攻'의 원칙을 현실에 옮긴 것이라 할 수 있다. 베트남은 2016년, 중국과 미국 사이에서 확실하게 미국의 손을 잡는 결정을 한 것이나 다름없다.

이런 식으로 미국은 중국 주변 국가들을 하나씩 자기편으로 만들며 중국 대륙 전역 주위에서 중국을 압박해 들어가는 '전통적 방식'을 택할 공산이 큰 것이다.

대만을 이용한 중국 압박

대만 역시 중국을 압박하기 위해 미국이 전략적으로 꺼낼 카드라 할 수 있다. 2020년 8월 앨릭스 에이자 미국 보건복지부 장관은 차이잉원蔡英文 대만 총통을 대만에서 만났다. 에이자 장관은 미국이 대만과 단교한 1979년 이후 대만을 방문한 행정부 인사 중 단연 최고위급이다. 미국 정부는 1979년 중국과 수교한 이후 하나의 중국 원칙을 인정하고 대만과 단교했고 대만 정부와의 고위급 교류에 적극적으로 나서지 않았지만, 격화되는 미·중 무역 분쟁 속에 확 달라진 행보를 보인 것이다.

게다가 2019년 미국은 작년 F-16V 전투기, 스팅어 미사일 등 100억 달러(약 12조 5,000억 원)가 넘는 무기를 대만에 판매하기로 하는 '통 큰 결정'을 했다. 대만을 중국을 견제하는 핵심 파트너로 인정한 것이다. 이날 에이자 장관은 "도널드 트럼프 미국 대통령의 강력한 지지와 친선의 메시지를 전하게 돼 진정 영광"이라며 "미국은 대만 민주주의의 성공에 대해 경탄한다. 대만과의 협력·파트너십을 강화하게 돼 기쁘다"고 말했다.

당연히 중국이 반발했다. 자오리젠趙立堅 중국 외교부 대변인은 정례 브리핑을 통해 "대만 문제는 중국과 미국 관계에서 가장 중요하고 민감한 문제라는 것을 재차 강조한다. 하나의 중국 원

칙을 깨뜨리면 안 된다"며 강력하게 항의했지만, 중국과 불편한
관계인 미국이 이를 수용할 리는 만무하다.

바이든 대통령 진영은 트럼프의 거의 모든 것을 반대하고 있지
만, 중국을 둘러싼 일련의 행보만은 여야를 초월해 지지하는 움
직임을 보이고 있다. 게다가 동맹국과의 '콤비 플레이'를 강조하
는 바이든 특성상, 집권 이후 대만에 힘을 실어주는 식으로 중
국을 압박하는 전략이 오히려 더 강조될 가능성이 크다.

비슷한 시기인 2020년 8월, 친중파인 대만 국민당은 대만 제
2의 도시 가오슝高雄의 시장 보궐 선거에서 참패했다. 대만의 반
중 분위기를 보여주는 반증이다. 집권 민진당 후보인 천치마이
陳其邁는 70%를 득표해 리메이전 국민당 후보를 압도했다. 지난
20년간 민진당 홈그라운드였던 가오슝은 2018년 무명이었던 국
민당 소속 한궈위가 시장에 당선되면서 지방 정권이 교체된 바
있다. 하지만 2년 만에 열린 보궐 선거에서 국민당이 참패하며
중국을 바라보는 싸늘한 대만 민심을 보여준 셈이 됐다.

또한 바이든 체제에서는 미국이 중재에 나서 한국과 일본의 관
계 개선을 시도할 가능성이 크다. 연세대학교 연설에서 바이든이
굳이 '미·일 방위조약'을 언급했던 것 역시 같은 맥락이다.

바이든은 2019년 말 열린 민주당 경선 연설에서 "미국이 중국
을 견제하려면 트럼프 대통령이 무너뜨린demolished 한국 등과의

동맹 관계를 반드시 재건해야 한다"며 "일본과 한국, 호주, 인도네시아와의 동맹을 반드시 재건해야 한다. 우리에겐 중국인들의 행동을 막을 것이라는 점을 이해하는 동맹국들이 필요하다"고 강조한 바 있다. 따라서 대중국 대응 전략이라는 우산 아래 미국은 한국과 일본이 서로 마찰을 일으키는 것을 원하지 않을 가능성이 크다. 바이든은 양국 정상을 향해 동아시아 협력 분위기 조성을 위해 대승적으로 양국이 긴밀한 협력 관계로 돌아가라는 압박 메시지를 보낼 것이다. 대일본 외교 전략이 국내 정치 변수가 되는 한국 정부 입장에서는 바이든 정부의 압박이 상황에 따라 상당한 무게로 다가올 수 있다.

바이든이 연세대학교 강연에서 "지적 재산권을 보호해야 한다", "공정한 노동 기준, 환경 등에 대한 더 많은 관심이 필요하다"고 언급한 것 역시 중국을 빼놓고 설명될 수 없다.

트럼프 행정부 산하 미국은 2018년 "중국이 특허권 침해와 불공정 기술 이전 계약 등을 일삼고 있다"는 이유로 중국의 '지식재산권 도둑질' 관행을 WTO에 공식 제소한 바 있다. 미국 무역대표부USTR는 성명을 통해 "중국은 특허 사용 계약이 끝난 중국 기업에 대해 기술을 사용하지 못하도록 막는 미국 기업 등 외국의 특허 보유자들과 기본 특허권을 부정하는 식으로 WTO 규정을 위반하는 것으로 보인다"고 주장했다.

그해 7월에는 중국 최대의 풍력발전기 제조사 시노벨Sinovel
이 미국 기업 AMSC의 기술을 훔친 혐의를 받아 미국 법원에서
5,900만 달러를 배상하라는 판결을 받기도 했다. AMSC와 시노
벨은 긴밀한 협력 관계였다. 시노벨은 한때 AMSC의 최대 고객
이기도 했다. 하지만 시노벨이 자사 직원을 포섭해 풍력발전기 제
어 관련 핵심 기술을 훔쳐갔다며 소송을 제기했다.

AMSC는 중국이 2005년 청정 에너지 발전에 드라이브를 걸
자 시노벨과 풍력발전 프로젝트를 공동으로 추진해 중국 곳곳에
풍력발전 단지를 조성했다. 시노벨은 타워 제작을 맡고 AMSC는
발전기를 제어하는 소프트웨어 등 첨단 기술을 제공하는 방식의
협력이었는데, 부가가치는 AMSC 쪽이 훨씬 높았다. 이 판결은
트럼프 행정부 당시인 2018년 나왔지만, 재판은 버락 오바마 행
정부 시절인 2013년 시작한 것이다.

또 바이든이 베이징의 치명적인 환경 오염을 지적한 것도 의미
가 적지 않다. 글로벌 친환경 에너지 사업의 중요성을 드러낸 것
과 동시에 친환경 에너지 사업을 통해 중국을 제압할 수 있다는
속내를 드러낸 것으로도 읽힌다. 연설에서 중국이 긴장을 고조
하는 조치를 하거나 상황을 확대할 것을 기대하지 않는다는 점
또한 분명히 했다. "나는 우리 동맹에 대한 헌신이 굳건하다는
점 또한 분명히 했다"고 언급한 것 역시 중국을 압박하기 위해

동맹 관계를 적극 활용하겠다고 천명한 것에 진배없다.

"동중국해이든 남중국해이든 수용 가능한 것에 대해서 공통의 이해를 세워야 한다. 위협이나 강압은 절대로 용인되지 않을 것이다. 실수와 오판의 리스크를 줄여야 한다"는 말 역시 대놓고 중국에게 주변국과 마찰을 일으키지 말라고 경고한 것이다. 하나하나 뜯어보면 바이든의 연설 상당수가 중국과 밀접한 관련을 가진 것이라 할 수 있다.

북한 비핵화 강조

또 하나 중요한 점이 연설 후반부부터 다시 시작된다. 북한과 관련된 바이든의 발언이다. 그는 "전 세계가 북핵을 명백하고 현존하는 위협"이라 여긴다고 말했다. 그리고 "핵으로 무장한 북한을 받아들이지 않을 것이다. 동맹국을 북한의 도발로부터 지키기 위해 어떤 일도 할 준비가 됐다. 나쁜 행동을 추구하는 것에 대해 보상을 하는 패턴으로 돌아가서는 안 된다"고도 강조했다.

북한을 바라보는 바이든의 시선은 그리고 미국 민주당의 시선은 2020년에도 전혀 달라지지 않았다. 따라서 북한과 미국이 의미 있는 대화로 문제를 풀어가려면 핵을 내려놓겠다는 북한의 확실한 시그널이 있어야 한다. 하지만 트럼프와 김정은의 정상

일대일 맞대결에서도 풀리지 않았던 매듭이 실무진을 거쳐 풀릴 것을 쉽게 기대하기란 힘들다.

바이든에 따르면 6자 회담 등 주변국을 레버리지로 북한을 끌어내는 방안도 쉽지 않다. 한국 입장에서는 바이든과 김정은이 정상회담을 할 가능성이 극히 떨어지기 때문에 중국 등 주변국을 '쿠션'으로 활용해 다자간 체제로 문제를 해결해보려는 시도를 하게 될 텐데 미국이 요지부동이면 움직일 여지가 별로 없다.

바이든은 리콴유 전 싱가포르 총리와 만난 일화를 소개하면서 "미국이 이민자의 나라이기에 혁신적이다"라는 발언을 했다. 이민자를 극도로 차별하고 있는 트럼프 대통령 행정부와 완전히 대비되는 부분이다.

트럼프 대통령은 2016년 대선 후보 당시에도 "멕시코와의 국경에 장벽을 쌓겠다" 등의 발언으로 이민자에 호의적이지 않은 정책을 펼칠 것임을 예고한 바 있다. 2020년 6월에는 연말까지 외국인 노동자에 대한 취업 비자 발급을 중단하는 행정 명령에 서명하면서 국내외에 엄청난 파장을 몰고 오기도 했다.

특히 구글을 비롯한 IT 기업들이 즉각 반발에 나섰는데, 실리콘밸리 기업들이 인도 등 비非 미국인 전문가를 대거 영입하며 혁신의 원동력으로 삼고 있기 때문이다. 행정 명령이 나오자 구글이 "이민자들이 미국인의 공공 생활에 많이 기여하고 있다"며

"해외에서 입국한 사람들이 획기적인 기술 발전의 동력을 제공할 뿐 아니라 새로운 비즈니스와 일자리를 만들어냄으로써 미국인의 삶을 풍요롭게 한다"고 성명을 발표한 것도 이 때문이다.

구글 등이 회원사로 있는 정보기술산업연합과 애플, 페이스북, 아마존, 구글 등이 회원사로 들어가 있는 인터넷연맹 등이 잇달아 비슷한 성명을 내는 등 트럼프의 이민자 차별 정책은 '논란의 핵'으로 떠오른 지 오래다.

그런데 흥미로운 것은 이민자를 차별하는 정책이 사실 트럼프 소속인 공화당의 철학과 딱 맞아떨어지지는 않는다는 점이다. 퇴임 후 초상화가 겸 작가로 변신한 조지 W. 부시 전 미국 대통령이 2021년에 이민자를 주제로 한 책을 출판할 계획을 가지고 있을 정도다. 부시는 책을 통해 공화당 출신 트럼프 대통령의 반이민 정책에 반대 목소리를 낸 셈이다. 같은 당 소속 선배 대통령이 후배 대통령에게 쓴소리하는 격이다.

책의 제목은 《많은 이민자 중 하나, 미 이민자들의 초상화》다. 2021년 3월 2일 출판 예정이다. 부시 전 대통령이 직접 그린 이민자 43명의 초상화와 그가 오랫동안 알아왔던 이민자들의 4색 그림, 그들 각각에 대한 전기 에세이를 담을 것이라 한다.

책 서론에서 부시 전 대통령은 "이민이 감성적 문제가 될 수 있다는 점은 인정한다. 하지만 당파적 문제라는 전제에는 반대한다"는 입장을 밝혔다. 그는 "이민 문제가 선거철에 불거지는 것을 원치 않았다"면서도 "(이민 정책은) 미 국민 다수의 문제이자 우리를 통합하는 것이 돼야 한다"고 강조한다. 이민자가 미국에 미치는 긍정적 영향에 대한 관심을 불러일으키는 데 도움이 될 수 있는 바람을 담아 책을 썼다는 것이다.

부시 전 대통령은 재임 당시인 2007년 민주당과 공화당 양쪽 진영에서 반대표가 일부 나와 의회를 통과하지 못했던 초당적 이민 개혁 법안을 지지하기도 했다. 이번 책의 수익금 일부도 이민자 정착을 돕는 단체에 기부할 예정이다.

사실 이런 태도가 미국의 본래 모습에 가깝다. 바이든이 집권하면 미국은 4년간의 일탈기에서 벗어나 미국의 본래 모습으로 돌아갈 공산이 크다. 한국을 비롯해 이민자를 많이 배출하는 나라 입장에서는 바이든의 정책이 반갑지만, 미국인의 입장에서 보면 트럼프의 정책을 지지하는 사람도 적지 않아 향후 논란이 될 전망이다.

앞서 바이든이 집권한다 하더라도 트럼프 산업 정책의 '핵심'이었던 에너지 섹터를 완전히 버리지는 않을 것이란 취지로 설명한 바 있다. 이 같은 바이든 정책의 단초를 이날 연세대학교 연설에서도 읽을 수 있다. 바이든은 "2022년까지 북미는 에너지 독립을 유지하게 될 것이다. 2030년까지 미국은 완전하게 에너지 독립을 유지할 수 있다. 우리는 전 세계 최대 천연가스 생산국으로 등극했다. 사우디아라비아와 러시아도 포함해서 말이다"라고 말하며 미국의 에너지 산업의 중요성을 강조하는 발언을 한다. 오바마 정부에서 시작한 미국의 '에너지 수출국으로의 변화 물결'을 바이든 정부에서도 일부 계승할 공산이 크다. 바이든이 친환경 에너지 산업을 강조하고 있지만, 그것이 미국의 에너지 산업을 버리겠다는 뜻은 아니라는 얘기다.

바이든 이후 주식 시장의 미래, 투자자가 주목해야 할 업종들

바이든 집권 시 증시 비관론과 낙관론

바이든이 당선된다면 주식 시장에 어떤 영향을 미칠지는 많은 사람이 호기심을 가지고 지켜보는 이슈다. 쉽게 생각해 바이든의 당선이 미국 주식 시장의 약세를 가져올 거란 목소리가 높다. 바이든의 주요 공약 중 하나는 법인세를 기존 21%에서 28%로 올리겠다는 내용이다.

투자 전문지 〈배런스〉는 바이든이 당선 이후 법인세 공약을 이행한다면 S&P500 주가를 8% 하락시키는 영향이 있으리라고 내다봤다. 골드만삭스는 법인세가 예고대로 오른다면 S&P500 기업의 주당 순이익 전망치가 170달러에서 150달러로 하향 조정될 것이라고 언급했다. 2021년 S&P500 기업의 이익 전망치가 12% 떨어진다는 뜻이다. 모건스탠리 역시 미국 증시가 역사적 고점 부근에서 머무르는 가운데 세금 부담으로 기업 이익이 떨어지면 S&P500 지수의 하락이 불가피하다는 의견을 내기도 했다.

블랙록은 바이든의 지지율 상승 기조를 보고 미국 주식 시장에 대한 비중을 '중립'으로 하향 조정했고 워싱턴 소재 조세 전문 싱크탱크 택스 파운데이션 역시 바이든이 당선되면 매년 약 1,300억 달러의 기업 이익이 증발할 것이라고 분석했다. 글로벌 자산운용사 아문디 파이오니어는 바이든이 승리하면 법인세율이 21%에서 28%로 올라 S&P500 상장사 이익이 1.2% 혹은 주당 2달러 감소해 미국 주식 투자자들이 발을 뺄 공산이 크다는 보고서를 냈다. 미국 투자 자문사 페더레이티드 에르메스는 트럼프 지지율이 떨어지자 주식을 일부 팔고 현금 보유량을 늘린 것으로 알려졌다.

또 하나 바이든이 내놓은 공약 중 하나는 고소득자에 대한 추가 과세다. 연간 100만 달러 이상을 벌어들인 사람에 대한 개인 소득세 최고세율 39.6%로 높이는 게 골자다. 주식 투자 등으로 번 돈도 과세 대상이다.

그래서 일각에서는 바이든 당선 시 2020년 11월과 12월에 대규모 매도세가 나올 수 있다는 전망도 나온다. 그동안 미국 증시는 전고점을 돌파하며 상승 궤도를 그려왔다. 2020년에 팔면 소득세를 적게 낼 수 있지만 2021년에 팔면 소득세를 훨씬 많이 내는 상황에 직면할 수 있다는 얘기다.

암호 화폐 투자의 거장으로 불리는 마이클 노보그라츠는 블룸버그TV와의 인터뷰에서 "나는 민주당의 열렬한 팬이다. 그러나 바이든과 해리스를 뽑는 것은 국가 차원에서는 좋은 일이지만 증시 차원에서는 그렇지 못하다"고 말해 화제가 되기도 했다.

노보그라츠는 "시장이 아마존, 테슬라 등이 견인하는 '유동성 주도 열광' 상태"라고 분석한다. 시장은 마지막 불꽃놀이를 펼치며 파티를 끝낼 핑계를 찾고 있는데 여기에 바이든의 증세가 '핑곗거리'가 될 수 있다는 게 그의 분석이다. 하락할 명분을 찾고 있는 시장이 바이든 증세를 기점으로 하향으로 방향을 틀 거란 얘기다.

지금까지 설명대로라면 바이든이 당선되면 미국 증시는 곧바로 베어마켓으로 진입할 것 같아 보인다. 하지만 좀 깊숙이 들여다보면 꼭 그렇지는 않을 거란 분석도 할 수 있다. 바이든이 당선된다고 해서 주식 시장이 약세로 진입한다는 보장이 없으며 오히려 수혜주를 잘 잡으면 큰돈을 벌 수 있을 거란 주장도 나온다.

CFRA의 샘 스토벌 수석 투자 전략가는 재미있는 분석을 내놨다. 그는 과거 미국 대통령이 재임할 때 미국 증시 연평균 수익률이 어느 정도였는지 통계를 뽑았다. 그의 분석에 따르면 민주당 빌 클린턴 행정부 당시 미국 증시는 연평균 17.5% 수익률을 기록했다. 버락 오바마 때는 16.3%를 기록했다. 공화당이 집권한 로널드 레이건 행정부(14.6%)보다 약간 높은 수치다. 트럼프 대통령 취임식 이후 2020년 8월 초까지 연평균 수익률은 13.7%였다. 한마디로 누가 대통령이 되는가와 무관하게 미국 증시는 완만한 상승 곡선을 그려왔다는 것이다. 따라서 바이든 행정부가 들어서더라도 미국 증시는 무난하게 연평균 15% 이상 수익률을 기록할 수 있다고 분석할 수 있다.

특히 JP모건이 이 같은 주장에 힘을 싣고 있다. 미국의 대통령 자리에 누가 올라가느냐와 주식 시장은 중립적이라는 내용이다. 오히려 바이든이 될 때 오를 가능성도 있다고 JP모건은 내다본다. JP모건은 바이든 후보의 법인세율 인상 공약 등 일련의 행보가 주식 시장의 악재로 다가올 수 있다는 점은 인정한다. 하지만 JP모건은 코로나19로 망가진 미국 경제를 살리기 위해 바이든 행정부가 극단적인 세금 인상책을 내놓지 않을 거라 진단한다. 선거 과정에서 바이든이 진보 유권자 표를 얻기 위한 '선명성'을 드러내기 위해 세금 인상책을 내밀었지만, 막상 집권하면 중도적인 스탠스로 돌아설 공산이 크다는 것이다.

게다가 JP모건은 중국과의 무역 협상이 물꼬를 트며 미국 경제 활력을 가져올 수 있다고 분석한다. JP모건 역시 민주당 정권이 들어서더라도 중국을 향한 칼끝이 무뎌지리라고 판단하지는 않는다. 여전히 중국과 각을 세우고 치열한 싸움을 지속할 거라본다. 하지만 싸움의 장소가 달라질 거라 진단한다. 관세를 협상 도구로 사용하는 강도와 빈도가 줄어들며 중국과의 무역을 통한 일부 '윈윈' 관계를 구축할 수 있다는 것이다.

또한 바이든은 전술한 대로 그린 에너지 사업과 의료 등의 분야에 대대적인 재정을 투입하겠다는 의사를 밝히고 있다. 또 바이든이 시간당 최저 임금을 15달러로 인상할 것을 제안하면서 기업 인건비 증가 우려가 있지만, 이 역시 광범위한 관점에서 보면 시장에 중립적이라고 판단하고 있다. 레스토랑, 호텔, 소매 및 운송 등 인건비로 타격을 입는 기업들이 S&P500 시가총액에서 차지하는 비중은 10%에 불과하기 때문이다. 글로벌 기업 다수는 생각보다 큰 영향을 받지 않을 수 있다는 뜻이다. 그리고 높아진 인건비가 소비 여력을 높이는 측면도 있기 때문에 생각만큼 우려할 사항은 아니라고 주장한다.

〈WSJ〉는 미국 증시가 코로나19 사태를 겪으면서도 여전히 강세인 점을 주목해야 한다는 의견이다. 2021년 코로나19가 진정 국면에 접어들어 경제 활동이 이전처럼 회복되면 투자는 다시 엄청난 활기를 보일 수 있다는 얘기다. 〈WSJ〉는 "바이든 행정부가 미국의 교역국과 관계를 개선하고 국제 사회에 우호적인 분위기를 조성하는 데 성공한다면 그의 임기 동안 연간 주식 수익이 10%대가 아닐 이유는 없을 것"이라고 강조하기도 했다.

바이든 집권 수혜주

다수 전문가들은 트럼프냐 바이든이냐에 따라 주식 시장을 예측하는 건 큰 의미가 없다고 말한다. 중요한 것은 바이든이 되면 뜰 업종이 어디인지 알아야 한다는 것이다.

이와 관련해 로열뱅크오브캐나다RBC와 JP모건이 내놓은 분석 보고서를 참고할 만하다. 우선 RBC는 애널리스트들을 대상으로 바이든 당선 수혜 업종을 조사한 결과를 내놓았다. 크게 보면 리츠REITs 커뮤니케이션 서비스, 소비재 등이 강세일 것이고 헬스케어, 제조는 점치기 힘들다는 결론이다. 테크, 석유·가스, 금융섹터는 다소 약세일 것으로 분석했다.

종목으로 보면 룰루레몬, 맥도날드 같은 법인세 인상 정책 영향을 별로 받지 않는 소비재 종목이 유망하다고 꼽혔다. 룰루레몬은 캐나다 스포츠웨어 브랜드로 요가복 등을 생산한다. 코로나19 여파로 '홈트' 등이 유행하며 가파르게 주가가 상승한 바 있다. 본사가 캐나다에 있어 미국이 법인세를 올려도 별 피해가 없다. 맥도날드는 이익의 다수가 아시아 등 글로벌 전역에서 나오기 때문에 법인세 인상 효과가 미미하다.

RBC의 분석 중 흥미로운 대목은 미국의 대표적인 보수 채널인 폭스뉴스를 운영하는 폭스그룹 수혜를 예상했다는 점이다. 바이든 행정부에 반감을 가진 보수 성향 시청자들이 폭스뉴스를 보며 대리만족을 할 수 있어 실적이 올라갈 수 있다는 예측이다.

민주당 정부가 내세우는 임금 인상 정책이 먹혀들면 미국판 다이소로 불리는 달러 제너럴Dollar General과 달러 트리Dollar Tree, 월마트도 수혜를 볼 수 있다고 분석됐다. 미국 노동자 소비 성향을 높여 더 많은 물건을 사게 할 수 있기 때문이다. 석유화학이 주력이지만 바이오 연료 분야에서 신사업을 펼치는 발레로 에너지도 수혜주로 꼽혔다.

미국의 투자은행인 레이먼드 제임스의 크리스 미킨스 애널리스트는 보험주가 수혜를 볼 수 있다고 주장한다. 그의 논리는 다음과 같다. 바이든 행정부는 '오바마 케어'로 불리는 전 국민 보험 제도 정착을 추구할 가능성이 큰데, 공화당이 상원에서 이를 저지할 움직임을 보일 공산이 있고 여기서 파급되는 효과로 보험주가 반사이익을 볼 수 있다는 내용이다. 불확실성에 시달리는 미국 국민이 보험 가입을 더 많이 할 수 있다는 얘기다.

　미국과 중국이 싸우는 장이 관세에서 다른 영역으로 옮겨가며 무역 전쟁이 완화되면 중국에서 어마어마한 발주를 따내는 보잉, 중국 중산층이 주요 소비자인 존슨앤드존슨 등의 매출이 대폭 늘어날 가능성이 있다. 기반 시설에 1조 3,000억 달러가 들어가는 공약이 지켜지면 미국 최대 건설 자재 기업인 벌컨머티리얼스가 뜰 수 있다. 기차 엔진을 만드는 중장비 업체 캐터필러 역시 바이든의 '열차 사랑'과 맞물려 주목받는다. LED를 생산하는 에머슨일렉트릭은 에너지 비용 절감을 위한 건물 효율화 공약과 맞물려 시장의 관심을 받고 있다.

　JP모건은 바이든이 승리할 경우 테슬라, 존슨앤드존슨, 캐터필라, 애플 등의 회사가 반사이익을 볼 수 있다고 말한다. 반면 아파치, AT&T, 윈 리조트Wynn Resorts 등은 악재가 예상된다고 분석한다.

　다음은 JP모건이 분석한 바이든 당선 시 호재가 예상되는 기업 리스트다. 최대한 찾기 쉽게 원문 그대로 소개한다.

● 그린 테크놀로지

　Tesla (TSLA)

　NextEra Energy (NEE)

Nikola (NKLA)

SolarEdge Technologies (SEDG)

Cree (CREE)

Enphase Energy (ENPH)

First Solar (FSLR)

TerraForm Power (TERP)

Ormat Technologies (ORA)

Sunrun (RUN)

Sunnova Energy International (NOVA)

● 인프라스트럭처

Caterpillar (CAT)

Jacobs Engineering (J)

United Rentals (URI)

Aecom (ACM)

Lincoln Electric Holdings (LECO)

MasTec (MTZ)

Valmont Industries (VMI)

Terex (TEX)

Granite Construction (GVA)

De-Escalation of U.S.-China Trade War

Procter & Gamble (PG)

Thermo Fisher Scientific (TMO)

Danaher (DHR)

Nike (NKE)

Boeing (BA)

3M (MMM)

DuPont de Nemours (DD)

Cummins (CMI)

Otis Worldwide (OTIS)

Stanley Black & Decker (SWK)

● 헬스케어

Johnson & Johnson (JNJ)

CVS Health (CVS)

Humana (HUM)

Centene (CNC)

McKesson (MCK)

AmerisourceBergen (ABC)

Cardinal Health (CAH)

Teva Pharmaceuticals (TEVA)

Mylan (MYL)

바이든이 기호용 마리화나 합법화에 호의적인 입장을 가진 것으로 알려지면서 마리화나 관련 주도 주목받는다. 미국에서는 캘리포니아 등 11개 주에서 기호용 마리화나가 불법이 아니다. 하지만 연방 차원에서는 여전히 불법이다.

〈포브스〉는 시장조사 업체 브라이트필드그룹을 인용해 2020년 캐나다 기호용 마리화나 산업 매출이 2019년 8조 8,190만 달러에서 17조 달러로 2배 가까이 증가할 것이라고 예상했다. 2025년에는 시장 규모가 54조 달러까지 성장할 것이란 분석이다. 의료용까지 합치면 캐나다 마리화나 산업 추정 매출은 2025년 58조 달러까지 올라간다. 캐나다는 2018년 10월 기호용 마리화나의 재배와 판매를 전면 합법화했다. 바이든 체제 미국이 캐나다의 뒤를 따르면 훨씬 더 큰 시장이 열릴 전망이다. 게다가 마리화나는 코로나19 여파로 '집콕' 시간이 늘면서 소비가 늘어나는 추세다.

마리화나는 ETF를 통해 투자할 수 있다. 대표 상품으로는 글로벌X의 '글로벌 X 카나비스 ETF', 'ETFMG Alternative Harvest ETF', 'AdvisorShares Vice ETF' 등이 꼽힌다.

유망한 한국 주식

국내 기업 중에서는 LG화학, 삼성SDI, SKC, 일진머티리얼즈 등 2차 전지 관련 기업과 친환경 에너지 기업인 한화솔루션, 씨에스윈드의 수혜가 예상된다는 분석이 있다. 황유식 NH투자증권 연구원은 "바이든의 친환경 정책은 유럽 그린딜 정책보다 적극적이고, 대규모 투자가 필요해 관련 산업과 기업 성장이 가능하다"며 "전기차·2차 전지 분야의 LG화학과 삼성SDI 등 기업, 친환경 에너지 분야 한화솔루션과 씨에스윈드 등의 기업을 주목해야 한다"고 밝혔다.

바이든 이펙트

1판 1쇄 인쇄 | 2020년 10월 5일
1판 1쇄 발행 | 2020년 10월 12일
1판 2쇄 발행 | 2020년 11월 25일

지은이 홍장원
펴낸이 김기옥

경제경영팀장 모민원 기획 편집 변호이, 박지선
커뮤니케이션 플래너 박진모
경영지원 고광현, 임민진
제작 김형식

표지디자인 블루노머스
본문디자인 제이알컴
인쇄·제본 민언프린텍

펴낸곳 한스미디어(한즈미디어(주))
주소 121-839 서울특별시 마포구 양화로 11길 13(서교동, 강원빌딩 5층)
전화 02-707-0337 | 팩스 02-707-0198 | 홈페이지 www.hansmedia.com
출판신고번호 제 313-2003-227호 | 신고일자 2003년 6월 25일

ISBN 979-11-6007-532-8 (03300)